ROLAND BRÉVANNES
LES GRANDES SATANIQUES
DE L'HISTOIRE ET DE LA LÉGENDE

LES GRANDES SATANIQUES
DE L'HISTOIRE ET DE LA LÉGENDE

Select Bibliothèque

MASSY (Seine-et-Oise)

ROLAND BRÉVANNES. *Les Grandes Sataniques de l'Histoire et de la Légende.*
Illustrations très curieuses, documents anciens, photographies contemporaines.

— *Prêtresses de Venus.*

DON BRENNUS ALÉRA. *Le Tour du Monde d'un Flagellant*

— *Le Repaire Souterrain·* } Suite du jour-

— *Cinquante ans de Flagellation.* } nal intime du baron de M...

— *Les Mille et une Nuits d'un Flagellant de marque.*

— *Le Journal d'une Flagellée, souvenirs cuisants.*

BERNARD VALONNES. . *Le Bréviaire des Courtisanes.*

JEAN D'AGÉRUR. . . . *Maisons Closes.*

} sous presse

ROLAND BRÉVANNES. *Fleur Véneneuse.*

— *Treize Contes Merveilleux,* histoires vraies.

OUVRAGES SPÉCIAUX ILLUSTRÉS

sous couvertures en couleurs très artistiques

ROLAND BRÉVANNES

Les Grandes Sataniques

DE L'HISTOIRE ET DE LA LÉGENDE

SELECT BIBLIOTHÈQUE

MASSY (Seine-et-Oise)

1907

LES GRANDES SATANIQUES DE L'HISTOIRE ET DE LA LÉGENDE

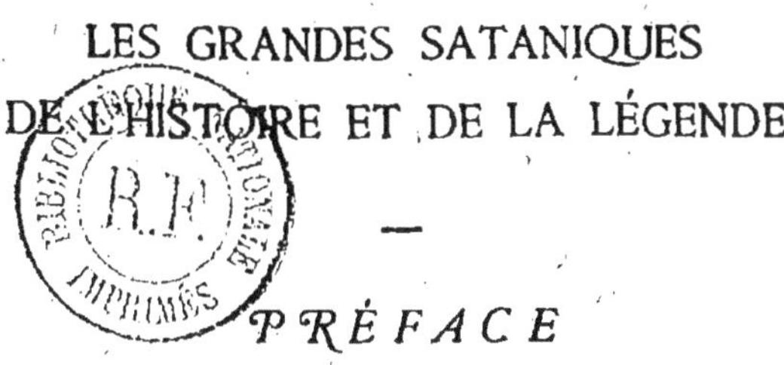

—

PRÉFACE

—

La femme et le démon

—

Dans l'ORGIE SATANIQUE A TRAVERS LES SIÈCLES j'ai montré ce que Satan fait des hommes qui se laissent dominer par lui ; je présente ici la contre-partie en exposant à quels excès il entraîne les femmes qui se donnent au Très-Bas. Car Satan existe. Qu'on ait la foi ou non, il faut bien le reconnaître, puisque Satan c'est la négation sous toutes ses formes et que le mal, l'égoïsme, les vices, la laideur morale sont desti-nés à devenir aussi vieux que le monde.

Chaque fois que l'homme s'abandonne à ses passions, il fait un pacte avec le Diable ; mais le traité qui lie le démon à la femme n'est ni accidentel, ni passager ; il est permanent ; car elle est animée de son esprit et le fatal génie de l'ange déchu, qui réside en elle, peut seul expliquer les contradictions et les mystères de son insondable nature.

Satan c'est l'éternel Tentateur, mais la femme n'est-elle pas l'éternelle et irrésistible Tentatrice ? L'élève est devenue plus puissante que le maître. On a cherché des remèdes contre les philtres, des pro-

6

tections contre les maléfices ; il n'existe pas de puissance qu'on puisse opposer à la lumière noire ou bleue de deux prunelles veloutées, pas d'antidote qui neutralise le subtil poison que versent deux lèvres voluptueuses, pas de force humaine capable de dénouer l'enlacement serpentin de deux bras blancs jetés autour du cou par ces mystérieuses créatures qui ont un corps de sirène, un visage d'ange et une âme de démon.....

Que ne peut la femme quand elle a à son service les puissances infernales et les êtres du monde invisible, quand son caprice s'appuie sur les lois ignorées qui régissent le merveilleux et l'inconnu, quand elle possède les terribles secrets qui soumettent à sa volonté les influences cachées et les forces occultes ? Car sa nervosité extrême et affinée, sa nature admirablement instinctive lui ont fait découvrir ces arcanes au seuil desquels hésite la science contemporaine ; elle a pressenti les mystères qui passionnent l'humanité, à moins que Satan lui-même ne les lui ait révélés en les confiant au coquillage nacré de son oreille... De tout temps le Démon a inspiré la femme : qui sait ce que, sous le pommier biblique, le serpent a chuchoté à la première d'entre elles ? Nous l'ignorons, mais elles le savent toutes, de naissance, pourrait-on dire ; car ces dons merveilleux et redoutables qui les parent ne manquent jamais de se manifester à l'âge de la puberté, souvent même avant ; quels que soient l'origine, le tempérament, la condition, les enseignements du milieu, cette perversité, leur suprême science, éclôt et s'épanouit comme une fleur funeste qui pousserait en tous terrains.

Il semble que toutes les filles d'Ève aient pour parrain Satan, le complice de leur première mère. Et le Maudit se montre généreux avec ses filleules ; il leur prodigue les dons les plus admirables et les plus funestes. Il leur donne un corps souple comme celui d'un reptile, une peau douce comme les tissus les plus rares, des cheveux fins comme la soie, un teint de fleur, une voix caressante et trompeuse, des lèvres qui sourient, des yeux qui parlent, qui appellent, qui dédaignent, qui implorent, qui promettent, qui sont sincères comme le ciel, profonds comme l'enfer, et qui mentent ! Et, comme si ce n'était pas assez, au mensonge de leur âme elles ajoutent le mensonge de leur corps ; elles cachent sous le fard leur carnation naturelle, elles arrondissent et teignent leurs griffes, elles parfument leur chair comme pour dissimuler l'odeur de soufre originelle, par de savants ajustements elles modifient jusqu'à leur structure ; elles mettent au service de leurs irrésistibles séductions la diabolique contradiction des lèvres qui, jusqu'à la minute de l'abandon, refusent tandis que les yeux consentent.

Aussi n'est-il rien qu'elles ne puissent oser et réaliser ; elles possèdent toutes ces secrets à la conquête desquels s'acharnent les humains et que peu à peu Satan s'est laissé arracher par les sorciers, les devins, les mages et les savants ; elles détiennent l'avenir, puisque notre Destinée est ce qu'elles la font ; elles nous versent des philtres qui éveillent le désir,

8

l'amour, la soif de toutes les voluptés ; elles s'emparent de nos volontés, exaltent ou anéantissent les facultés de nos cerveaux, s'imposent à notre pensée, nous font sentir de loin leur présence, hantent nos rêves, exercent en un mot une emprise absolue, **un perpétuel envoûtement** ; elles savent même faire de l'or, et elles n'ont pas besoin de la pierre philosophale : il leur suffit d'avoir des prunelles et des dents scintillantes comme des gemmes et un caillou à la place **du cœur**.

Quand la Femme laisse se développer librement ses mauvais instincts, ses penchants luxurieux et cruels, sa duplicité déconcertante et impitoyable, elle devient une Satane, une Démone et mérite l'invocation par laquelle la glorifiait Gilles de Rais :

> Toi qui nous apparais au-dessus de la femme,
> Avec ton geste noble et ton attrait pervers
> Tu mérites cent fois, toi, la Vestale infâme,
> D'être reine au Sabbat et déesse aux Enfers !
> La femme, belle ou laide, ou troublante ou fatale,
> Est faite pour porter aux pieds du Très-Impur
> Nos vices monstrueux en offrande infernale.
> Toi, dont la face morte a le regard si dur,
> Avec tes yeux d'enfer, ta bouche dévorante
> Et la séduction de ta sombre beauté,
> Tu te montres à nous magnifique et tentante
> Autant que la Luxure et que l'Impiété !   (*)

(*) Roland Brévannes, les Messes Noires, 2ᵉ tableau, scène III.

La légende de Nahéma

—

Ève et le Serpent. — La tentation biblique. —
Les lendemains maudits.

—

Ce fut d'abord dans les jeux perfides de la tentation que se donna carrière l'esprit de perversité de la femme.

A peine créée, Ève coquetait avec le démon, et si elle succomba aux séductions du serpent, elle a depuis pris largement sa revanche.

D'ailleurs il n'est pas sûr que ce soit le serpent qui ait commencé.

D'après l'interprétation kabbalistique de la Bible la tentation à l'origine fut double : dans l'Eden, c'est le noir Samaël (que la kabbale appelle aussi Léviathan ou le « serpent insinuant ») qui tenta Ève, tandis que sa femme *Lilith* (désignée aussi par Hèva ou la « couleuvre tortueuse ») séduisait Adam.

Avec cette Lilith, qui présidait aux avortements, Samaël avait d'autres épouses : Mochlat, Aggareth et Nahéma, reine des Stryges, dont la beauté pernicieuse offre le type le plus ancien de ces grandes Sataniques au pouvoir fatal.

Nahéma est l'héroïne d'une légende, singulièrement élevée et éternellement vraie.

Quand un homme oublie les devoirs qu'il a vis-à-vis de sa femme, Dieu rappelle celle-ci à lui et la terrible Nahéma a le champ libre ; c'est elle qui va venger l'épouse trahie.

Elle vient sur la terre, elle se jette sur la route du malheureux, qui ne sait pas qu'il va devenir sa proie, qui ne sent pas que son mauvais destin l'atteint, ne le quittera plus et que l'heure est venue d'expier chèrement sa coupable inconstance.

Dès qu'il voit la superbe Nahéma, l'homme est fasciné par cette beauté altière, magnifique, avec quelque chose d'emporté, de farouche qui la rend irrésistible. Ses yeux sont éblouis, son cerveau est conquis, son cœur est dompté ; l'emprise est complète. L'homme ne s'appartient plus, il n'a plus la notion du bien ni du juste, il ne connaît qu'une chose au monde : le caprice de cette créature. La reine des Stryges fera de lui ce qu'elle voudra ; car son pouvoir est sans limites : à la séduction naturelle de la femme s'ajoute un charme mystérieux et terrible qui vient de l'enfer ; Nahéma s'en va à travers la vie enveloppée d'émanations subtiles qui pénètrent, qui grisent, qui affolent, qui subjuguent. Elle est celle pour qui on oublie tout, sans scrupule et sans regret, parce que la flamme de ses yeux nous a jeté un sort.

Tout d'abord l'homme oublie l'épouse qui n'est plus ; il perd le souvenir de son dévouement et de sa tendresse, il renie le bonheur qu'il lui a dû. Il méprise et rejette tout ce qui vient des jours passés, il abandonne même ses enfants.

Nahéma le décide à s'unir à elle par le mariage ; il y consent. Nous trouvons ici la première trace de ces unions démoniaques qui établissent un lien charnel des plus étroits entre la Terre et l'Enfer ; les grandes Sataniques ne sont pas des créatures en dehors de l'humanité puisqu'elles peuvent être nos amantes et, qu'épouses du Démon, elles peuvent engendrer des êtres humains.

Enfin le soir des noces sacrilèges est arrivé ; la démone donne à son amant une nuit enfièvrée, elle lui enseigne les infernales délices de ses baisers pervers.

La maîtresse à laquelle il se livre n'est même plus une démone, c'est une furie, dont tout le corps est bouleversé par les remous d'une sensualité tumultueuse. La Kabbale dit qu'au cours de ces ébats lubriques son crâne apparaît à nu ; il ne faut voir là qu'une image : la longue chevelure de la femme est la suprême protection de sa pudeur de même qu'elle en fut le premier voile, lorsqu'elle apprit ce sentiment après le péché et qu'elle ramena devant sa nudité auréolée d'amour les flots mouvants de ses boucles blondes.

On se représente ce que peuvent être les étreintes de cette créature impudique possédée d'une impétueuse folie ; l'homme qui a désiré les baisers de ces lèvres sinueuses, en demeure épouvanté ; et pourtant ces caresses épuisantes, qui le tuent, ne font que lui laisser le lancinant désir de nouveaux enlacements.

Nahéma sait bien ce qu'elle fait quand elle le quitte, au jour, déshonoré, flétri, marqué à jamais d'un stigmate ineffaçable.

Elle l'abandonne, elle disparaît, il ne la reverra jamais ; elle l'a abreuvé plus encore de honte que de volupté, au fond de la coupe vidée d'un seul coup il ne reste plus que la lie amère du remords. Elle brise le jouet qu'il a été entre ses mains, elle le rejette avec un impitoyable dédain.

Dès lors, il s'en ira à travers le monde, plus seul qu'avant, marqué entre les deux yeux d'une étoile qui attirera sur lui la réprobation, alors qu'il aurait besoin de pitié.

Il n'aura même pas la consolation de retourner vers ses enfants, que Lilith a dévorés.

Voilà, peint à grands traits dès les premiers âges du monde, le tableau, toujours exact, des convoitises qu'éveillent les femmes fatales, de la domination qu'elles exercent, des ruines qu'elles laissent dans le sillage serpentin de leur robe. Tout y est : la faiblesse et la lâcheté de l'homme, la destinée lamentable des enfants sacrifiés, et la détresse du réprouvé qui, après sa courte folie, traîne avec soi sa punition, qui laisse voir, sur son visage vieilli, sur son front orageux, dans ses yeux mornes, le reflet de l'abîme où il a sombré, et qui cache au fond de son cœur les inutiles remords et le regret de l'irréparable.

Dans cette aventure on trouve ce symbole d'une haute portée morale : les forces de l'enfer mises au service de Dieu dans un but de justice.

Chaque fois qu'une femme torture un homme, elle ne fait que venger les autres femmes...

CHAPITRE II

—

Les grandes Sataniques sur le trône

—

L'enfant du sacrilège : de l'esclavage au trône, le sillage sanglant. — La reine fatale. — L'impératrice courtisane : basses orgies et effroyables perversités ; l'éternelle inassouvie.

—

Dans toute l'antiquité païenne Satan est présent partout sous une forme ou sous une autre.

Sans doute ce type d'ange déchu, tour à tour tentateur de l'homme et complice de la femme, est une conception biblique, et dans l'histoire mouvementée d'Israël les Sataniques se rencontrent fréquemment, qu'elles offrent l'héroïque duplicité d'une *Judith*, la traîtresse perfidie d'une *Dalila*, l'implacable cruauté d'une *Athalie* ou d'une *Jézabel ;* mais elles sont trop connues et ont joué, à part ces exceptions, un rôle trop restreint pour qu'il soit utile de les présenter ici.

Si l'on se reporte aux polythéismes anciens on constate l'existence d'un principe mauvais adoré en même temps que le principe du bien ; cette opposition, qui est très marquée dans le Zend Avesta, subsiste plus ou moins nette dans les divers cultes païens de la Syrie, de la Phénicie, de l'Afrique septentrionale et dans toute l'Asie connue des anciens. Baal peut être considéré comme le Satan des Hébreux glorifié par un polythéisme barbare et, s'il n'existe pas d'équivalent absolu de Satan, on retrouve du moins ses attributs attachés en partie à diverses divinités, à tous les Baal, à toutes les *Astarté*, à tous les Priapes qui, sous des formes multiples, président aux cultes voluptueux et sanguinaires des temples orientaux.

Là, dans ces civilisations à la fois somptueuses et barbares, Satan, pour n'être point nommé, n'est pas moins vivant et agissant et les femmes lui élèvent un autel dans leur cœur.

C'est sur le trône qu'il faut chercher ses plus fidèles adoratrices ; la toute puissance est le plus souvent l'aliment des passions mauvaises ; et les reines que Satan reconnaissait pour siennes se sont adonnées sans frein aux monstrueuses inspirations qui leur venaient de Lui. Si l'on soulevait leur diadème royal ou leur bandeau impérial on verrait deux cornes naissantes dans les toisons blondes, brunes ou fauves des Sémiramis, des Cléopâtre, des Messaline.

Deux mille ans avant l'ère chrétienne, Sémiramis fut une de celles-là ; tout la prédisposait aux sanglantes débauches dont elle a souillé sa couronne pendant un règne de quarante-deux ans aussi glorieux que criminel.

L'un des sanctuaires les plus fameux d'Astarté était celui d'Ascalon en Syrie, qui comptait parmi les sacrificateurs un jeune prêtre d'une grande beauté. La déesse Syrienne *Dercéto* avait offensé Astarté qui s'en vengea d'une façon démoniaque. Elle donna au jeune prêtre un irrésistible pouvoir de séduction, à la déesse une faiblesse toute féminine et les mit face à face dans les bosquets sacrés.

L'homme enveloppa d'un long regard d'ardente convoitise la déesse qu'il ne pouvait reconnaître sous son apparence mortelle, mais à qui les hommages des générations au cours des siècles avaient donné un charme mystérieux fait de toutes les prières montées jusqu'à elle dans la fumée tourbillonnante des aromates. Dercéto se sentit parcourir par un bref frisson et s'étonna de cette sensation toute nouvelle.

Immobile, pensif, le sacrificateur la regardait :

— Où donc t'ai-je vue ? lui disait-il ; ta majesté n'est pas de ce monde ; tu sembles une de ces statues de marbre et d'or qui sont dans les temples, à laquelle un dieu aurait donné le mouvement, mais non la vie ; tes yeux ne brillent pas, ta poitrine ne palpite point, ta chair doit être glacée. L'amour que tu m'inspires est celui que j'éprouverais pour une divinité et le seul langage qui me vienne aux lèvres est celui que les dieux ont appris aux hommes :

Déesse aux seins de marbre, hautaine et dédaigneuse,
Toi dont le masque grave a tant de majesté,
Tu n'as jamais senti sur ta gorge neigeuse
Courir en longs frissons l'humaine volupté.

Les désirs vont sans cesse à toi dans la fumée
Des parfums qu'on enflamme au pied de tes autels ;
Les senteurs de l'encens ne t'ont pas animée,
Tu restes insensible à l'amour des mortels.

Soupirs, larmes, regrets, étreintes inutiles
Te furent vainement et chaque jour offert :
Tu poses ton pied froid sur nos rêves stériles
Et de ce piédestal domines l'univers.

Il avait parlé d'une voix chaude, prenante, et à mesure qu'il égrenait le rythme musical des vers, sonores comme un fil de perles qui s'est rompu, l'attitude de Dercéto donnait un démenti à son amoureuse extase : ses yeux s'enflammaient du feu du désir, ses narines frémissaient, ses lèvres s'entrouvraient voluptueusement, et avec une surprise sans nom, elle sentait battre, au fond de sa poitrine, quelque chose qui soulevait les globes jumeaux de ses seins. Il ne restait en elle plus rien de la déesse mais tout ce qui fait la femme ; elle était attirée par la séduction de l'homme que gagnait le trouble de l'inconnue ; leurs bouches se cherchèrent, une union sacrilège se consomma sous les ombrages sacrés.

C'est dans ce baiser surnaturel et coupable échangé entre une déesse et un prêtre que fut conçue *Sémiramis*. Quand elle naquit, sa mère eut honte de son égarement : elle exposa le fruit de cette étreinte dans un désert de sable et se jeta du haut d'un rocher dans un lac qui en baignait le pied. Elle fut transformée en poisson et désormais adorée sous l'apparence d'une sirène. Quant à celle qui devint Sémiramis, elle dut de vivre à des colombes qui la nourrirent et à un berger qui la recueillit.

Mais elle était marquée pour une extraordinaire destinée : le sang divin qui coulait dans ses veines devait lui permettre d'accomplir de stupéfiantes prouesses, en même temps que sa naissance sacrilège la vouait aux débauches, aux turpitudes, aux crimes qui sont agréables au démon.

Elle ne mentit pas à son origine : d'abord esclave, puis bientôt reine, elle fit mettre à mort deux maris sacrifiés à son ambition. Elle se montra intrépide guerrière, impératrice glorieuse, courtisane éhontée, amoureuse lascive et sanguinaire, dans cette Babylone splendide et maudite, son œuvre, gouffre somptueux des pires luxures où elle entassa tous les captifs, tous les trésors de l'Asie, où elle déchaîna tous les vices de l'enfer. Elle connut les triomphes auxquels peut aspirer une beauté incomparable et sacrifia aux ardeurs d'un tempérament fougueux et cruel. Elle commit le premier des

Cette Lysisca, c'était l'impératrice, l'Augusta, la Divine, qui venait...
(page 30).

forfaits sataniques : l'inceste ; elle goûta des baisers infâmes sur la couche d'or et d'ivoire de son fils Ninias qu'elle fit assassiner, ainsi qu'elle avait fait du roi Ninus, pour conserver son trône aux marches sanglantes sur lequel elle s'était élevée à force d'astuce et de stupre.

Comme si la fille d'une immortelle ne pouvait pas mourir, elle disparut, au déclin de sa vie, s'enlevant dans les airs comme une colombe, toute blanche sur le couchant ensanglanté, laissant aux générations futures cette image de son destin et de ses crimes avec le souvenir impérissable de sa merveilleuse et triomphante beauté.

Il n'est pas, dans toute l'histoire, de nom plus prestigieux que celui de la grande *Cléopâtre*.

Nom prédestiné d'ailleurs ; car toutes les princesses qui le portèrent furent les héroïnes des plus romanesques aventures : toutes furent incestueuses suivant la coutume des familles royales égyptiennes qui mariaient le frère et la sœur pour les associer au trône ; toutes firent massacrer par ambition un ou plusieurs de leurs proches : frère, oncle, sœur ou belle-sœur, et nombre d'entre elles périrent victimes de tragiques représailles. Dans tous ces drames il faut voir le châtiment des baisers coupables et dans toutes ces manœuvres, l'inspiration d'en bas. Cléopâtre était devenu le nom que portaient à la cour des Ptolémées une série de démones, vêtues de la pourpre tyrienne, qui obéissaient sans scrupules à leurs passions et semblaient avoir pour mission de faire tout le mal possible avec les armes infernales de leur esprit et de leurs charmes.

Cléopâtre, l'illustre fille de Ptolémée Aulète, n'y faillit pas. Après avoir été la femme de son frère, elle songea à le chasser pour régner seule et fit appel à Rome. César vint à la tête d'une armée et ce fut grâce à une ruse diabolique que Cléopâtre séduisit le vainqueur de Pompée.

Elle se fit introduire dans son palais, ficelée dans un rouleau de tapis.

Elle l'amena à servir ses projets, par l'éclat de sa beauté et le retint par le charme d'un esprit extraordinairement cultivé. César ne fut plus qu'un instrument docile dans sa main ; il fit de nombreuses conquêtes pour les mettre aux pieds de Cléopâtre, qui put se faire servir par vingt reines ; il plaça sa statue à Rome dans le temple de Vénus et satisfit tous ses caprices jusqu'au jour où il fut assassiné en plein Sénat.

Pas plus que César, Antoine ne résista à la sirène. Tout le monde connaît la grande scène de séduction jouée avec une si admirable maîtrise par la reine au profil impérieux et à la lèvre dédaigneuse ; on sait comment, costumée en Vénus, entourée de nymphes, elle alla au devant du triumvir dans la fameuse galère aux voiles de pourpre, dont la coque était incrustée de lames d'or. On se représente les orgies sans nom qui marquèrent la « vie inimitable » menée par les deux amants : Cléopâtre, cette inassouvie, qui, épouse d'un frère âgé de treize ans, avait possédé un sérail d'hommes, se livra aux fantaisies les plus échevelées, dont la moindre fut de boire dans sa coupe une perle d'un prix fabuleux. Antoine s'engourdit dans ses bras aux étreintes amollissantes, il entra en rébellion contre Rome et oublia l'empire du monde qu'il convoitait et que lui disputait Octave. La lutte décisive le trouva mal préparé à l'effort suprême ; la rencontre eut lieu en mer, en vue d'Actium et la fortune favorisa Octave.

Dès que Cléopâtre vit que la victoire abandonnait son amant, elle conçut un projet dont la hardiesse n'avait d'égale que l'ingratitude, et ce fut avec une infernale audace qu'elle joua la dernière partie.

Abandonnant Marc Antoine, elle ordonna à sa flotte de virer de bord et regagna l'Egypte à toutes voiles. Antoine l'y suivait ; elle lui fit porter la fausse nouvelle de sa mort ; il se transperça de son épée. Cléopâtre en véritable démone, était fatale à ceux qui l'aimaient.

Libre de ses actes, elle tenta alors la conquête d'Octave ; cette fois elle échoua ; il ne lui restait qu'à se tuer si elle voulait échapper à la honte qui l'attendait et n'être pas traînée à Rome pour marcher enchaînée derrière le char du vainqueur et orner le triomphe de celui qui avait résisté au pouvoir de ses attraits. Elle n'hésita pas mais n'eût qu'un souci, celui de mourir en beauté dans le tombeau où elle s'était enfermée, avec ses trésors et ses plus fidèles suivantes. Elle connaissait les effets de tous les poisons pour les avoir expérimentés sur des esclaves, son choix s'arrêta sur l'aspic, le reptile souple et enveloppant, l'animal satanique, symbole du Tentateur dont l'esprit habitait son corps à la chair ambrée ; le serpent lui fut apporté caché dans un panier de figues il se glissa dans les replis de sa ceinture, s'éleva entre les deux seins, dardant sa langue fourchue ; la grande reine aux passions ardentes et à la froide cruauté mourut dans le plein éclat de sa splendeur charnelle, mordue au cœur par cet être rampant et abject, qui avait troublé la première femme et qu'une Vierge devait bientôt écraser sous son talon.

Aussi cruelle que Sémiramis ou Cléopâtre et plus lâche que toutes deux, *Messaline* nous apparaît comme une rouge fleur de luxure qui a survécu aux ruines de l'empire romain ; elle est plus qu'une femme : un résumé de la corruption profonde de toute une époque ; elle a étalé dans ses effroyables désordres tous les vices de la décadence proche, accompli ce que cent femmes débauchées n'eussent pas fait et réalisé ce que les plus dépravées auraient osé rêver.

Messaline Valérie, fille de Valérius Messala Barbatus et de Lépida, se trouvait par sa mère elle-même vouée aux puissances infernales.

Cette *Emilia Lépida*, prêtresse de Priape, qui s'était toujours occupée de magie, qui passait pour s'être prostituée et pour avoir entretenu des relations incestueuses avec son frère Domitius Œnobarbus, ne pouvait engendrer qu'une créature d'exception, possédant toutes les séductions et tous les vices sataniques. On put en effet prévoir de bonne heure que la fille de Lépida ne serait dépourvue ni des unes ni des autres.

Toute jeune, Messaline promettait déjà d'être ce qu'elle devint : une âme cruelle et voluptueuse enfermée dans le corps d'une brune superbe au port impérieux. A seize ans elle remarquait sur le sol d'une galerie un esclave syrien profondément assoupi. Arrachant une des longues épingles d'or qui soutenaient l'édifice de sa coiffure, elle la faisait rougir au feu et en transperçait les joues du dormeur ; aux cris qu'il poussa, elle répondit en riant :

— Pourquoi te plaindre ? songe que je pouvais te crever les yeux si j'avais voulu.

C'était la même jeune fille qui, examinant les tablettes d'un jeune écolier, s'écriait :

— Pourquoi tant de philosophie ?... à ton âge... avec une figure comme la tienne... il n'est qu'une science qui vaille la peine d'être étudiée !

Comme le jeune homme lui demandait laquelle, elle lui rendit ses tablettes après y avoir inscrit :

« Aimer ! aimer encore ! aimer toujours ! »

A vingt six ans elle épousait l'empereur Claude, cousin de son père, et dès le soir de ses noces trompait cet empereur à l'intelligence épaisse, que dominait une basse sensualité. Après le festin et les danses, Lépida avait congédié le cortège nuptial à la porte des appartements impériaux. Messaline reposa son corps tout nu sur les draperies brodées de la couche et attendit vainement son mari.

Celui-ci, qui avait trop copieusement bu et mangé, s'était affaissé sur un siège bas, à l'autre extrémité de la salle ; il dormait profondément, la face écarlate, la bouche ouverte, les bras tombant jusqu'à terre. Au même moment, du jardin s'éleva un chant mélodieux qui domina les ronflements impériaux ; on eût dit que deux rossignols se répondaient tour à tour, modulant en trilles légères un hymne à la nuit et à l'amour. Messaline s'approcha de la fenêtre ; au sommet d'un arbre voisin un rossignol jetait à plein gosier des notes perçantes, mais l'autre voix venait de plus bas, venait de la terre ; la nouvelle impératrice se pencha et reconnut, dans la clarté blême d'un rayon de lune, la silhouette d'un esclave égyptien qui, pour charmer les ébats des amoureux, luttait avec l'oiseau chanteur.

— Ismaël ! prononça-t-elle.

C'était bien lui ! Il apparaissait beau, svelte, prêt à la volupté.

Claude dormait toujours. Messaline se glissa hors de la couche nuptiale, sortit sans bruit de la chambre, puis du palais et rejoignit dans les bosquets éclairés par la lune, l'esclave égyptien qui eut tout le bénéfice des noces impériales.

Dès lors elle s'abandonna sans frein à la plus effroyable licence ; l'état d'hébétude dans lequel végétait Claude, épuisé par les excès, facilitait son inconduite. Ses désordres furent tels qu'on ne peut se figurer sous un autre type que le sien le démon qui dans les phalanges infernales préside à la luxure. Elle était sans cesse possédée de désirs impérieux qui réclamaient une satisfaction immédiate ; quiconque lui plaisait était sur le champ convié à de folles étreintes et l'on ne pouvait s'y refuser sans courir un danger de mort. C'est ainsi qu'elle fit empoisonner Vinicius, un jeune sénateur, parent de Tibère, qui avait repoussé ses avances. Et combien d'autres eurent le même sort, sans compter ceux qu'elle faisait poignarder au sortir de ses bras lorsqu'elle avait motif de désirer une absolue et éternelle discrétion !

Elle ne cherchait point ses amants parmi les patriciens, tout individu lui était bon pourvu qu'il fût un homme, avec des membres musclés et des reins solides. Elle faisait ses délices des prétoriens, des histrions, des gladiateurs, des esclaves nubiens, se pâmait sur la poitrine robuste de bandits qui sentaient l'écurie.

Elle paraissait en somptueux équipage sur la Voie Sacrée et faisait son choix du haut de la riche litière où elle était allongée à demi nue sur la pourpre vive des coussins damassés, frangés d'or, qui faisaient ressortir la chaude matité de ses chairs.

Elle déploya une astuce diabolique dans la conquête de l'histrion Mnester, le mime célèbre que Caligula avait embrassé en scène. Mnester était alors l'amant d'une grande dame romaine, Sabine Poppée, la mère de cette autre Poppée, célèbre par sa beauté, qui devait être la seconde femme de Néron. Comme le danseur s'était refusé aux sollicitations libertines de l'impératrice, elle accusa Poppée d'adultère avec Valérius Asiaticus ; elle décida Claude à condamner à mort le consul, tandis que Poppée affolée par de secrètes menaces, s'ouvrait les veines dans un bain.

Elle poursuivit plus que jamais de son ardente passion le mime, qu'elle alla jusqu'à caresser en public dans une taverne de Suburre et, pour triompher de la résistance du baladin qui ne se résolvait pas à souiller la couche impériale, elle imagina une comédie où se révèle toute l'infernale duplicité de la femme et que jouent encore de nos jours les Messaline au petit pied.

Certain jour, l'impératrice, après avoir attendri Claude par des caresses dissolvantes et des coquetteries habilement prodiguées, se plaignit amèrement à lui qu'on avait manqué gravement envers elle-même. Claude la pria de s'expliquer.

— Ah ! soupira-t-elle, je suis bien mal récompensée de ma tendresse et de mes complaisances ! le dernier des affranchis obtient dans ton palais plus de soumission à ses caprices que l'impératrice à ses ordres.

— Que s'est-il passé ? As-tu besoin d'un plus grand nombre d'esclaves ? Le Sénat aurait-il méconnu ta volonté ?

— Ce n'est rien de tout cela.

— Un de mes affranchi aurait-il bravé ta colère ? Est ce que Pallas ou Narcisse…?

— Aucun de ceux ci n'est coupable.

— Le nom de l'impudent !

— Mnester.

— L'histrion ?

— Lui-même.

— Veux-tu sa tête ?

— Il ne faut pas être impitoyable envers ceux qui nous amusent.

— Alors, qu'on le fasse venir !

Dès que Mnester fut présent, Claude le fit fouetter de verges, puis il lui ordonna d'obéir à l'impératrice dans tout ce qu'elle lui commanderait.

Le soir même, Claude était trompé par cet histrion, et il en avait lui-même donné l'ordre. Quant à Messaline, qui avait éprouvé une jouissance perverse en entendant son époux lui désigner un amant et exiger qu'on le ridiculisât, elle goûta une volupté plus profonde dans les bras du danseur.

Elle fut follement éprise tant que dura son caprice, si bien qu'avec le bronze des statues de Caligula brisées par le peuple, elle fit faire des statues de Mnester destinées à tous les carrefours de Rome.

Parmi les diverses anecdotes érotiques ou tragiques qui dépeignent l'impériale démone, il en est une qui montre une fois de plus quelles innombrables et terribles ressources elle trouvait en soi pour se venger de ceux qui la dédaignaient.

Claude avait donné en mariage au sénateur Silanus la mère de Messaline, Domitia Lépida. L'impératrice se mit à éprouver pour celui qui était devenu son beau-père, une passion aussi ardente que passagère, comme toutes celles qui gonflaient son sein orgueilleux.

Le sénateur demeurant insensible aux lascives promesses par lesquelles elle s'efforçait de le troubler, elle résolut d'essayer une tentation suprême et choisit, pour le recevoir, l'heure où elle achevait sa toilette.

C'était une cérémonie puissamment suggestive que la parure de cette courtisane couronnée.

Lorsqu'elle sortait de sa salle de bain elle s'abandonnait aux soins de ses esclaves, qui n'étaient pas moins de trente et dont pas une ne restait inoccupée autour de sa personne. Malheur à la maladroite qui l'effleurait de la pointe d'une aiguille ou tirait un peu fort une mèche rebelle ! On la livrait au bourreau qui la fouettait avec des lanières de cuir de bœuf ; les compagnes de la victime n'étaient pas détournées une seconde de **leur** service par ces corrections fréquentes ; d'ailleurs on prenait avant tout la précaution de bâillonner la coupable, de façon à ce que ses cris ne vinssent pas troubler les autres esclaves dans leurs délicates occupations.

C'est à un pareil moment que fut introduit Silanus, qui put connaître à l'avance les incomparables séductions de la chair frémissante que lui offrait sa souveraine. Quand elle fut parée de tout le charme que pouvaient ajouter à sa beauté les tissus rares et les précieux trésors possédés par la maîtresse du monde, elle congédia ses esclaves et commença le siège du sénateur, résolue à donner un assaut décisif.

Elle en vint à se comparer à sa mère, la femme de Silanus, et demanda :

— Appius, crois-tu vraiment que Domitia Lépida vaille Messaline ?

— Elle est la fleur dont tu es le bouton, lui répondit-il galamment.

L'entretien se poursuivit sur ce ton sans que le sénateur se laissât prendre aux filets de la belle impure ; les manèges les plus audacieux de son irrésistible coquetterie n'eurent pas raison des scrupules de son beau-père. Un pareil dédain était pour elle une mortelle injure ; elle jura de s'en venger.

L'entreprise était ardue vu le crédit dont jouissait Appius Silanus auprès de son beau-fils.

Messaline pour s'assurer le succès, eut recours aux conseils de cette infernale perfidie qui était, après son inlassable lubricité, le trait saillant de son caractère.

Elle conclut une alliance avec l'affranchi Narcisse, le plus louche des favoris de Claude. A la fin d'un repas, Narcisse accourut tout bouleversé, les yeux hagards, les cheveux en désordre. L'empereur voulut connaître la cause de ce trouble.

— Je viens de faire un atroce cauchemar, expli-qua Narcisse, j'ai rêvé qu'un homme voulait poignarder l'empereur.

— Quel est celui-là ? exige le tyran ; donne-moi le nom que t'a indiqué ton rêve !

— Appius Silanus.

— Tiens, voilà qui est étrange ! prononce à son tour Messaline en se soulevant du lit sur lequel elle était nonchalamment accoudée ; j'ai fait moi aussi le même rêve.

— Et quel était mon assassin ? interroge, tremblant de peur, Claude, aussi lâche que cruel.

— Le même Appius Silanus.

A ce moment précis, un esclave, dûment dressé par Narcisse, vient annoncer cette fausse nouvelle :

— Le sénateur Silanus demande audience à l'empereur.

— Qu'on le mette à mort ! s'écrie Claude.

L'ordre est transmis en hâte à deux prétoriens qui vont poignarder chez lui le sénateur.

Il ne faisait pas bon opposer un refus au caprice de Messaline. Il faut dire qu'elle n'en connut guère ; la liste de ses amants est longue et de plus incomplète, puisqu'à quelques noms conservés par l'histoire, il faut ajouter tous ces gladiateurs, ces bandits, ces êtres sans foi, dont elle faisait les habituels compagnons de ses basses orgies. Elle s'était fait décerner le titre d'Augusta, la qualité de divine, et quand Juvénal énumérait ses amants en les appelant « rivaux des dieux », il pouvait donner ce nom à tout ce que Rome comptait de beaux garçons, de robustes athlètes et de solides portefaix.

Tous ceux qui se prêtaient à ses brûlants désirs étaient comblés de faveurs et de dignités, mais il les payaient souvent un prix infâme : Messaline ne

se contentait pas de se rouler dans la fange des plus
répugnantes orgies, elle prenait plaisir à débaucher
les plus grandes dames, les plus riches patriciennes:
elles les contraignait à se plonger avec elle dans le
libertinage le plus éhonté. Ah ! elle faisait de terrible façon sa dissolvante besogne de démon de la
luxure lâché sur la terre ! Pour amener ses amies à
partager ses crimes elle usait avec art tour à tour
de la persuasion, du poison perfide des confidences,
du spectacle de son érotisme et de cette autorité
souveraine, quasi-divine, sous laquelle tous devaient
se courber. Rien ne lui plaisait tant, lorsqu'elle
avait décidé un mari à approuver les désordres de
sa femme, que de lui donner le spectacle de celle-ci
se prostituant aux êtres perdus de débauches et de
crimes qu'elle imposait pour amants à la patricienne... Alors la divine s'écriait avec un infernal
sourire :

— J'adore qu'on m'aime et qu'on s'aime autour
de moi !

Elle avait aménagé pour ces infâmes débauches
une pièce secrète dans le palais même de Claude,
qui était le seul, dans l'empire, à tout ignorer. C'é-
tait une salle vaste et richement meublée, où régnait en toute saison une chaleur énervante propre
aux ébats des corps entièrement nus ; des colonnes
de marbre soutenaient une voûte de stuc ; le long
des murs recouverts de superbes mosaïques abon-
daient les lits somptueux et confortables, drapés de
tissus précieux, de pourpres vives, de soies brodées
d'or, d'étoffes rares dont les tons étaient choisis
pour faire valoir les carnations des corps enlacés.
Les portes de bronze qui défendaient cet antre du
vice étaient garnies d'un épais capitonnage contre
lequel venaient mourir les appels de rut, les cris
voluptueux, les invitations au stupre, parfois les

suprêmes révoltes d'une pudeur et plus souvent les râles d'agonie d'un amant qui avait cessé de plaire. Et ces infâmes débauches ne lui apportaient pas la satiété ; presque toutes les nuits, Messaline quittait son palais suivie d'une seule esclave, pour aller se prostituer dans un bouge de Suburre. On connaissait sous le nom de Lysisca une superbe courtisane, la plus belle femme de Rome, qui entrait, grande, magnifique, les bras enserrés de nombreux anneaux et toute nue, le corps simplement enfermé dans une résille d'or. Cette Lysisca, c'était l'impératrice, l'Augusta, la Divine, qui venait, orgueilleuse et sereinement impudique, chercher les rudes étreintes de toutes les brutes qu'affolait sa beauté et leur prodiguer des caresses brisantes. Elle avait là sa chambre, une pièce tendue de rouge où d'infâmes transports agitaient ces flancs qui avaient donné deux enfants à l'empereur. Elle touchait le salaire de son ignominie, rançonnait et épuisait une armée. Plus emportée que Cléopâtre qui supportait en une nuit vingt-cinq assauts, Messaline pouvait se livrer successivement à six cents hommes.

Quand l'aurore blanchissait le ciel, elle quittait sa loge et sortait la dernière, mais sur le seuil elle s'arrêtait encore examinant les rares passants pour en chercher un à son goût. Souillée par tous ces baisers inconnus elle regagnait la couche impériale où elle s'étendait « brisée de fatigue mais non rassasiée » (*lassata sed non satiata*).

Sept ans elle mena cette existence, jusqu'à la comédie suprême qui se termina en drame. Tout le monde sait comment elle amena Claude à lui laisser épouser le consul Silius, sous prétexte de détourner sur une autre tête une catastrophe qui, d'après les oracles, menaçait le mari de l'impératrice ; comment Narcisse, dessillant les yeux de Claude, lui arracha contre Messaline un ordre de mort qui fut exécuté par un tribun ; et comment l'empereur, apprenant que l'Augusta venait d'être poignardée dans les jardins de Lucullus, poussa un Ah ! indifférent et tendit sa coupe à l'esclave qui versait du falerne.

Elle était morte enveloppée dans la pourpre tiède du sang qui jaillissait à flots, destinée peut-être à demeurer inassouvie dans la vie embryonnaire de de l'au-delà.

Sémiramis, Cléopâtre, Messaline ! telles sont les trois grandes figures qui jettent une lueur démoniaque sur toute l'antiquité païenne et font encore rêver les générations. Toutes trois, outre une commune cruauté, marque de ces époques lointaines, incarnent les principaux attributs sataniques :

Sémiramis l'ambition et la perfidie, Cléopâtre l'orgueil et la trahison, Messaline l'infernale luxure et la cupidité effrénée.

Toutes trois, supportant le poids de leurs crimes aussi aisément que leur front altier soutient le diadème, drapent magnifiquement dans la pourpre sanglante leur chair frémissante de baisers impurs, leur corps façonné par l'Enfer et orné par lui de toutes les séductions.

CHAPITRE III

—

Les enfers byzantins

—

Par la volupté et par le meurtre. — Une complicité criminelle ; les mystères du palais d'été ; la porte rouge ; les baisers qui tuent.

—

Il s'en faut que Messaline soit une exception dans l'histoire de la Rome impériale ; à mesure que la décadence se précipita, elle eut des émules qui se distinguèrent par la froide cruauté qu'elles mirent au service de leur ambition, de leur lubricité et de leurs rancunes.

Telle est cette *Fausta*, aussi belle qu'hypocrite, aussi passionnée que dépravée, mime dégradée du cirque avant de devenir impératrice, et qui annonce la grande et odieuse Théodora. Elle se prostitua aux êtres les plus vils de sa capitale, à un esclave des écuries impériales, dénonça son beau-fils Crispus à l'empereur en l'accusant de la passion incestueuse qu'elle nourrissait pour lui et qu'il avait dédaignée ; sous des apparences hypocrites elle souilla ses séductions, ses charmes, son esprit dans des perversités de toutes sortes jusqu'au jour où Constantin la fit mettre à mort.

Quand le galop des hordes barbares passa sur le monde romain, la vieille civilisation latine disparut ; il ne resta debout que les plus abjectes corruptions. Ce fut une belle époque pour les Sataniques qui portaient couronne ; il n'y avait plus que deux puissances au monde : la force des hommes et la beauté des

Chapitres III et IV.

femmes ; dans les siècles où règnent le fer et le feu, où le sang humain mouille la terre plus souvent que la pluie du ciel, la femme triomphe par le seul pouvoir de ses multiples attraits, par la fascination qu'elle exerce sur les sens, par le jeu des séductions diaboliques qui résident en elle.

Vers la fin du IVe siècle, Byzance remplaça Rome, et cette période troublée dura jusqu'au Xe siècle. Ce fut alors que l'on vit *Honoria*, sœur de Valentinien III, s'éprendre d'Attila, qui était petit, laid et puant, et s'offrir à lui, poussée d'ailleurs par sa mère Placidie qui obéissait en cela à des calculs dignes d'une Catherine de Médicis.

Ariadne, avec l'aide de sa mère Vérina, pour venger leurs amants mis à mort, enferma son mari dans la sépulture des empereurs, l'y mura vivant et l'y laissa mourir dans un accès de rage impuissante qui lui faisait couvrir son corps de morsures furieuses.

Cet empire byzantin où l'asservissement aux caprices les plus honteux, la dépravation la plus ignominieuse, l'ambition la plus criminelle étaient de sûrs moyens de parvenir, était livré sans frein au gouvernement des femmes. Les vices et les forfaits de la grande Théodora furent annoncés ou reproduits par nombre de princesses ; en prostituant leurs charmes, suivant les intérêts de la politique, la reine *Berthe* (qui fila, jusqu'à soixante ans... le parfait amour) et sa fille *Hermangarde*, imposèrent leurs volontés à la haute Italie, tandis que *Théodora Ire* et sa fille *Marozia*, par les mêmes moyens, firent la loi dans la ville des papes.

L'histoire byzantine n'est qu'une sanglante série de débauches et de forfaits dont un certain nombre sont nettement caractérisés par l'inspiration satanique ; ils s'échelonnent en une liste épouvantable depuis Ildico jusqu'à Stefania.

Ildico était une adorable jeune fille qui épousa Attila ; elle était la centième épouse du roi Hun qui avait dans son harem une de ses propres filles.

La nuit de ses noces avec Ildico fut pour le conquérant la dernière de sa vie ; au matin on trouva la jeune épouse qui pleurait à côté du guerrier étendu dans une mare de sang. D'abord, on se demanda si le chef était mort poignardé ou tué par des excès de luxure ; mais le regard indéfinissable, que jetait la femme au cadavre, lorsqu'elle ne se sentait pas observée, rappelait celui de Judith et donnait à penser qu'elle n'ignorait rien des secrets des goules qui vident les veines d'un homme et font office de vampires.

Quant à *Stefania* elle n'avait jamais pardonné à l'empereur Othon III la pendaison de son mari, le consul Crescentius, ni les outrages qu'elle avait subis de la part des soldats. Othon voulait la prendre pour concubine ; elle céda, mais le circonvint de telle façon qu'il en fit sa favorite.

Experte aux choses de la magie, elle lui fit croire qu'elle avait des connaissances médicales et profita d'une maladie de l'empereur pour s'isoler avec lui à Paterno.

Un an après elle accomplissait enfin des représailles patiemment et sûrement combinées ; elle vengea sur Othon la mort de Crescentius en lui faisant prendre un poison lent et en le roulant dans une peau de cerf empoisonnée.

Quant à la fameuse *Théodora*, elle résume toutes ces turpitudes et toutes ces cruautés, et pourtant elle mérite le nom de grande par d'indéniables et surprenantes qualités qui ne parviennent pas à faire oublier ses excès et ses vices. Elle a été surtout malmenée par les historiens catholiques, qui voyaient en elle uniquement ce qui lui venait de l'enfer. Le cardinal Baronius l'appelle Dalila, Hérodiade, prostituée, femme infernale, d'une volupté mortelle, possédée de l'esprit satanique.

Ses débuts furent inférieurs à ceux même de Sémiramis ; nulle femme n'est partie de plus bas. Elle fut d'abord une courtisane et une histrionne du dernier ordre, dont la mimique amusait follement le cirque. C'était du reste une enfant de la balle ; son père, le Paphlagonien Acacius, était gardien d'ours à l'amphithéâtre des Verts sous le règne d'Anastase ; il laissa en mourant, outre un certain nombre d'ours, trois filles : Comito, Théodora, Anastasie. Sa veuve vécut avec l'homme qui lui succéda dans ce poste d'arctotrophe et s'occupa aussitôt de tirer profit de la beauté de ses filles. Comito, l'aînée, débuta en chantant et en dansant dans le cirque, qui lui fit un succès ; Théodora, sa sœur puynée, lui tenait lieu de suivante, l'accompagnant vêtue d'une tunique de jeune esclave, très courte, avec des manches, pour porter l'escabeau sur lequel elle se reposait. Théodora se mit à envier sa grande sœur ; il lui tardait de faire comme elle pour récolter des applaudissements, des déclarations et des trioboles. Aussitôt qu'elle eut atteint l'âge de la puberté elle débuta comme mime ; elle obtint un prodigieux succès par ses déhanchements, ses contorsions, ses grimaces ; mais l'enthousiasme devenait du délire dans certaine pantomime bouffonne où elle se faisait fouetter avec une légère férule, ce qui était prétexte à des poses osées et voluptueuses, à un déshabillage suggestif, à des mouvements imprévus et forcés, à des mignardises perverses et érotiques, qui excitaient au plus haut point les spectateurs et lui valaient en particulier l'attachement des Bleus, ses protecteurs.

Elle était la plus goûtée des courtisanes habitant l'Embôlon ; son esprit ouvert, sa grisante séduction, jointe à une beauté véritablement éblouissante, lui assuraient une indéniable supériorité.

Il fut heureux pour sa beauté qu'elle quittât de bonne heure Constantinople ; les honteux excès auxquels elle se livrait, et plusieurs avortements eussent bientôt marqué sur son visage d'ineffaçables stigmates. Elle suivit en Afrique le Tyrien Hécébole qui venait d'être nommé gouverneur de la Pentapole, et lui donna une fille. Mais son caractère impérieux refusa de se plier aux volontés de son amant, et son humeur inconstante la rejeta dans les aventures. Chassée par Hécébole, elle connut la misère, la basse prostitution, et eut d'un chef arabe un fils, Joannès, voué par sa naissance à une tragique destinée.

Elle revint à Byzance par Alexandrie, se prostituant dans chaque ville, pour se procurer les ressources nécessaires à la continuation de son voyage. « Elle exerça, dit Procope, un métier qu'on ne pourrait nommer sans offenser les Dieux, si bien que, par suite d'une intervention infernale, il n'y eut pas sur tout le trajet une seule bourgade qui n'eût été souillée par le libertinage de Théodora. »

Aussitôt rentrée à Byzance, elle joua avec adresse une comédie dont le succès dépassa toutes ses espérances.

Elle loua une petite maison garnie d'œuvres d'art s'y retira comme une artiste sérieuse, menant la vie d'une femme honnête et même un peu dévote. Cette continence, toute nouvelle, la reposa, lui permit d'anéantir la trace de ses désordres ; sa beauté en devint plus irrésistible ; les désirs affluèrent vers elle, d'autant plus nombreux qu'elle paraissait décidée à n'en satisfaire aucun ; car Théodora venait d'arrêter un plan dont elle ne voulait point s'écarter. Elle était fatiguée de n'être qu'une esclave de volupté, un sentiment nouveau naissait en elle : l'orgueil, la volonté de dominer ceux dont elle avait été le jouet.

Elle fit choix d'un neveu de l'empereur Justin, Justinien, petit homme trapu, imberbe, avec un teint vif, une jolie peau, et des oreilles fuyantes de lièvre, un ambitieux, qui avait poignardé pendant un festin, sous les yeux de l'empereur, le prince Goth Vitalien dont il convoitait les dignités, et qui venait d'être nommé gouverneur de l'Afrique et de l'Italie et commandant des gardes du palais. Elle lui inspira confiance par ses dehors dévôts, le circonvint par son charme attirant, le retint par son caractère à la fois insouciant et autoritaire, par un piquant mélange de séductions féminines et de qualités masculines. Bientôt elle devint sa concubine, ce qui au VIᵉ siècle n'impliquait aucune honte ; le concubinat était une situation légale, ouverte à des artistes, à des épouses adultères, surprises en flagrant délit, à toute une catégorie de femmes tenant le milieu entre la matrone et la courtisane, et les enfants qui en naissaient avaient les mêmes droits que les enfants nés du mariage. Elle se fit apprécier par son tact, son sentiment des affaires publiques ; elle réunissait les séductions de Vénus et de Minerve, elle captiva Justinien par de très brillantes qualités perdues depuis les grandes hétaïres grecques et aussi, sans doute, par ses vices effroyables et fascinateurs. Elle dirigea son ambition, lui donna conscience de sa force, lui démontra qu'il pouvait aspirer au rang suprême. Elle se fit admettre au rang des patriciennes, eut ses entrées au palais ; par une coïncidence peut-être criminelle, moururent l'impératrice-mère et la mère de Justinien, ses deux ennemies, qui la méprisaient et craignaient son adresse. Nul obstacle ne se dressait plus devant elle. L'empereur Justin rapporta une loi de façon à permettre à son neveu d'épouser une comédienne et il les associa l'un et l'autre au trône.

Cette cérémonie fut pour Théodora un triomphe. L'ancienne mime, l'ancienne prostituée de l'Embôlon, cette courtisane qui avait servi de jouet aux Verts et aux Bleus, qui s'était vautrée sans pudeur dans la poussière du cirque et dans la fange de tous les stupres, était couronnée par le patriarche de Constantinople, recevait le serment de fidélité des fonctionnaires qui lui baisaient les pieds en l'appelant « Nostra Domina ». Bientôt elle va avoir des statues de marbre, de porphyre et d'or, qu'on adorera dans tous les carrefours ; tout l'Orient est aux genoux d'une courtisane de basse extraction, qui dispose de la vie et de la fortune des gens qui l'ont possédée pour une triobole, qui décide de la guerre et de la paix, qui tranche toutes les questions de dogme, qui fait et qui défait les papes. A la mort de Justin, en 527, son autorité devient sans limites ; c'est elle d'ailleurs qui s'en empare, et l'empereur lui abandonne l'exercice du pouvoir souverain et la gestion du trésor. Il la laisse libre d'élever et d'enrichir ses amis, de frapper et de dépouiller ses ennemis, de jeter l'or à pleines mains pour des cérémonies somptueuses ou des fêtes de volupté ; de déployer un luxe inouï, des prodigalités folles ; de créer à Byzance une cour digne des vielles monarchies asiatiques. Elle se montre dans d'éblouissants costumes surchargés de diamants, de perles, de broderies d'or ; des pierres précieuses brillent partout à son cou, à ses bras, à ses doigts, à son front, à ses pieds, sur les vêtements des femmes de son entourage. Le trône sur lequel elle prend place est d'or ; elle s'y assied, plus parée qu'une idole, presque nue sous de transparentes tuniques de soie qui moulent son corps et que recouvre la pourpre impériale d'une chlamyde aux plis majestueux. Quant elle sort, c'est sur un char d'or massif attelé de chevaux magnifiquement caparaçonnés, dont la crinière et la queue sont peintes de couleurs vives. Lorsqu'elle se rend aux bains de Zeuxippe ou aux thermes de Pythies pour se reposer de ses excès passés et présents, une armée de prétoriens l'escorte, des cubiculaires sèment des fleurs sur son chemin, des patrices, des gouverneurs de province, des officiers du palais se pressent sur ses pas et la couvrent de louanges. On dirait une déesse qui se montre au peuple au milieu de ce cortège triomphal. Et c'est bien en réalité une déesse infernale cette ancienne prostituée, cette Augusta que tout le monde redoute, devant laquelle tous les dignitaires, Bélisaire lui même, se prosternent pour l'hommage du baise-pied ; car celle que Justinien a surnommée « Bienfait du Ciel » est idolâtrée par le patriarche de Constantinople ; les évêques la dénommeront « Très-Pieuse », un Concile la divinisera.

Sa beauté physique s'accorde merveilleusement avec ces pompes et ces splendeurs. « Qui pourra peindre dit Paul le Silentiaire, les yeux, les cheveux, la fraîcheur incroyable du teint de la jeune fille ? Celui-là seul qui oserait essayer de décrire l'éclat du soleil ou celui de Théodora. »

Et Procope, en parlant d'une statue de l'impératrice : « C'est une œuvre d'art digne de Phidias, Lysippe ou Praxitèle ; le visage de l'Augusta est beau, mais inférieur à la beauté du modèle, dont la supériorité est telle que rien ne peut l'exprimer ni en paroles ni en images ».

42

Quiconque avait vu une fois la belle Paphlago-
nienne ne l'oubliait jamais. Elle était petite, mais
sa démarche gracieuse faisait valoir l'élégance de
sa taille mince ; ses yeux étaient grands, vifs, perçants et extrêmement expressifs, sa bouche très
sensuelle ; le fond de son teint, d'un pâleur mate,
était admirablement rehaussé par l'incarnat de ses
lèvres et la délicate coloration de ses joues ; et tout
son visage possédait une séduction si incomparable
que les mots manquaient aux anciens pour l'exprimer.

Par un contraste vraiment diabolique, le portrait de Théodora au moral est épouvantable ; on
y trouve réunis toutes les passions et tous les vices ;
elle se montra bassement sensuelle, odieusement
dépravée, orgueilleuse, hypocrite et vindicative,
impitoyablement cruelle. Les corruptions auxquelles elle avait été initiée dès son plus jeune
âge, sa précoce perversité lui avaient donné une
connaissance approfondie des mauvais côtés de
l'homme ; et elle utilisait de façon infernale cette
science maudite, qui rendait funeste l'irrésistible
volupté rayonnant autour d'elle ; elle était suprêmement experte dans l'art de circonvenir, de sé-
duire, d'affoler ; elle savait avilir les hommes en
éveillant cyniquement leurs plus honteux désirs et
en s'abandonnant toute entière aux stupres qu'elle
déchaînait. Elle se complaisait à salir ce qui est
pur, à souiller ce qui est saint. Elle ne croyait qu'à
une seule chose : l'éternelle concupiscence de
l'homme, la lâcheté de ses instincts. De ses origines,
cette impératrice, qui avait ignoré jusqu'aux noms
de la chasteté et de la pudeur, conservait une
allure effrontée et le goût des propos cyniques ;
elle tenait tête sans se déconcerter à des Grecs,
des Romains, des Barbares poussés par des excès

de table aux pires abus de langage ; nulle ignominie ne la faisait reculer, de même que nul geste ne la rebutait. Sa débauche fut la plus effrénée qu'on eût jamais vue. Dans ses emportements lascifs elle traitait de marâtre la nature qui ne lui avait pas donné assez de sources de plaisir, assez d'organes pour la joie, assez de sens pour la volupté.

Grâce aux qualités de son esprit et de son intelligence, malgré ses vices — ou peut-être à cause d'eux — elle domine toute l'histoire politique et religieuse du VI° siècle ; pendant vingt ans, elle exerça du fond de son gynécée un despotisme absolu sur l'Eglise comme sur tout l'empire d'Orient. Avec sa beauté physique et sa hideur morale, cette femme, dont on peut dire qu'elle eut un visage d'ange et un cœur de démon, nous apparaît comme le Génie du Mal, régnant sur le monde.

Dès qu'elle exerça un pouvoir absolu, Théodora donna libre cours à ses passions. Tandis qu'elle comblait de faveur ses favoris, ses eunuques dévoués, les compagnons de ses premières débauches, elle réservait les pires supplices aux Verts, à ceux qui autrefois l'avaient humiliée et qui maintenant ne se courbaient pas assez bas. Elle subornait des faux témoins qui venaient accuser les uns de vol, de concussion, d'adultère (ils étaient flagellés et promenés à dos de chameaux), les autres de sédition, de crimes contre nature ou de magie (ils étaient écartelés) ; d'autres, inculpés d'hérésie voyaient leurs biens confisqués. Tandis que Justinien avait un faible pour le pal, l'émasculation était le supplice que Théodora ordonnait le plus volontiers ; elle l'appliquait de préférence à ses anciens amants comme la meilleure façon de se venger de ceux qui, en d'autres temps l'avaient tenue à leur merci.

44

Une véritable tyrannie pesait sur la cour ; on tremblait d'attirer le courroux de l'impératrice. Les dignitaires du palais, qu'on appelait pour cette raison « les silentiaires » devaient ne rien voir, ne rien entendre. On ne s'adressait à Théodora qu'avec des phrases d'adoration, elle avait les titres de *Pia*, d'*Augusta*, il n'était question que « de ses divins oracles », de « son éternité, » du « souffle divin de sa bouche céleste ».

Elle fit construire pour ses vengeances et ses débauches un magnifique palais d'été, l'Hæréon. Les sommes qui furent englouties dans cette splendide demeure venaient en partie du trésor impérial dans lequel elle puisait à pleines mains, en partie des biens des fonctionnaires qu'elle poussait à pressurer le peuple et qu'elle dépouillait ensuite en les faisant condamner pour malversations.

L'Hæréon s'éleva à l'extrémité occidentale de Constantinople, au bord du Bosphore ; c'était à la fois un paradis et un enfer. Les familiers de Théodora y trouvaient des appartements somptueux, aménagés en vue de tous les plaisirs, des jardins embaumés, des massifs à l'ombre mystérieuse, propices aux enlacements, des jets d'eau, qui jaillissaient de vasques de marbre et dont le continuel murmure couvrait le bruit des pas furtifs et des baisers passionnés. Pour les ennemis de l'impératrice les sous-sols de ce palais formaient un dédale de cachots sans air et sans lumière avec des murs épais qui y faisaient régner le silence des sépulcres. On y descendait pour être emprisonné des années ou émasculé ou torturé ; les cris des victimes ne parvenaient ni à la mer ni à la surface du sol et ne pouvaient troubler les chants et les rires des orgies impériales. On n'en sortait que pour prendre le chemin de l'exil, du cloître et le plus souvent pour être jeté au Bosphore. Une légende mystérieuse, s'était formée autour de ces souterrains que le peuple appelait le « Labyrinthe de la Mort » ou « le « Tartare », et qui justifiaient leur nom.

Le premier homme qu'y fit jeter l'impératrice fut un certain Théodore qui refusait de porter un faux témoignage contre un membre du parti Vert qu'elle eût voulu faire condamner pour pédérastie. Comme il refusait obstinément de se prêter à cette calomnie, le bourreau lui serra le crâne dans un nerf de bœuf, progressivement, jusqu'à faire sauter les deux yeux hors des orbites.

Pendant vingt ans ces cachots servirent de cadre à des supplices dignes de l'enfer infligés aux ennemis que la vengeance de Théodora poursuivait jusque dans leurs descendants, à ceux qui avaient fait quelque allusion satirique au passé de « Bienfait du Ciel », aux imprudents qui avaient tenu un propos irrévérencieux, immédiatement recueilli ; on ne lui échappait pas ; une armée de femmes et d'espions avait des yeux et des oreilles partout ; pour un mot malsonnant on était fustigé jusqu'au sang et même écartelé !

Et pourtant l'impératrice donnait l'exemple de la raillerie ; il n'était pas de sarcasmes dont elle n'humiliât ceux qui l'approchaient. Elle habitait huit ou dix mois par an ce palais, et y consacrait à la satisfaction de son orgueil tout le temps qu'elle ne donnait pas aux soins de sa piquante beauté et aux exigences de son insatiable tempérament.

Souvent elle donnait audience tandis qu'esclaves et eunuques la paraient et la parfumaient aux sons d'une musique voluptueuse ; les courtisanes dont elle avait peuplé l'Hæréon, d'anciennes compagnes de théâtre, des femmes qu'elle avait dé-

46

bauchées, l'entouraient et la prenaient pour modèle.
Le solliciteur était accueilli par les plaisanteries
outrageantes de la fille du gardien d'ours et les
exclamations obscènes de ses suivantes ; le haut
fonctionnaire qui lui baisait le pied sentait son talon se poser sur sa tête ; tous les visiteurs étaient
reconduits avec des éclats de rire et des propos
grossiers.

Ses plus chers plaisirs consistaient à tourner en
dérision tout ce qui est respectable, à avilir les sentiments vrais, à salir les pures tendresses ; elle s'ingéniait à troubler les unions, obligeait les gens à
des mariages disproportionnés ou odieux ; nulle
femme n'a mieux fait sur terre besogne de démone.

Le jeu des mariages forcés faisait fureur à
l'Hæréon. Souvent Théodora abritait dans son palais la nuit de noces de deux époux, mariés du
matin avec son autorisation ; au moment où l'union
allait se consommer, elle faisait irruption dans la
chambre nuptiale, livrait la vierge au viol d'un
cubiculaire et s'adjugeait l'époux qu'elle entraînait
vers sa couche. Ou bien elle faisait appeler deux
amoureux sincèrement épris l'un de l'autre et ma-
riait la jeune fille à l'un de ses favoris, le jeune
homme à une des anciennes compagnes de sa vie
de prostituée. D'autres fois au contraire elle obligeait deux êtres séparés par une inimitié profonde à
s'épouser et à consommer devant elle l'acte charnel.

Nombreux furent les fonctionnaires à qui elle
imposa des épouses de son choix, toujours prises
parmi les plus viles de ses favorites, anciennes
danseuses du cirque.

Elle encourageait l'adultère, donnant toujours
raison aux coupables ; souvent elle obligeait un
mari outragé à assister aux amours de sa femme
avec un officier du palais ; et de même que les

grands personnages devaient épouser des prostituées, c'étaient les femmes les plus nobles qui devaient accepter pour amants les individus les plus dégradés, les affranchis les plus corrompus.

On juge de ce que pouvaient être les mœurs de Byzance avec de tels exemples venus d'en haut. La débauche était générale, la prostitution s'étendait comme une gangrène dans tout l'empire, car l'impératrice se vengeait seulement sur les proxénètes de l'exploitation dont elle avait eu à souffrir ; l'adultère était en honneur ; les femmes s'enorgueillissaient de tromper leurs maris ; « elles se montraient dans les rues, dit Procope, demi-nues, mais très parées, avec leurs amants qu'elles caressaient en public. » Satan régnait sur l'empire d'Orient par l'intermédiaire de « Bienfait du Ciel ».

Naturellement les ennemis de Théodora se liguaient sournoisement contre elle et s'efforçaient de détruire son crédit auprès de Justinien ; elle prit contre cette guerre sourde des mesures de défense. A la police impériale elle imposa sa contre-police ; elle n'eut pas seulement des espions à gages mais aussi les courtisanes, les femmes artificieuses et débauchées de son entourage. Il lui fallait pour déjouer tous les complots une amie intelligente et sans scrupules, influente et discrète, capable de conduire les fils d'une intrigue et sur qui elle aurait pu se reposer comme sur soi-même. Cette favorite faite pour elle, Théodora la trouva dans la femme du général Bélisaire. Cette *Antonina* qui était ambitieuse, cupide, autoritaire et dépravée, mais aussi énergique et intelligente, avait commencé par vivre de la prostitution à Thessalonique où elle était venue au monde, fille d'un conducteur de chars et d'une comédienne. Après de nombreux amants elle trouva un mari indulgent dont elle eut un fils Photius et qui la laissa veuve. Son éblouissante maturité séduisit Bélisaire qui l'épousa et fut follement épris d'elle jusque dans sa vieillesse.

Antonina avait du reste manœuvré très habilement ; elle s'était gardée de faire nulle avance pour se distinguer des courtisanes qui formaient le cortège habituel de l'Augusta. Théodora lui sut gré de cet orgueil et, quand elle fut admise dans l'Hœréon, Antonina traita d'égale à égale avec l'impératrice.

Ce fut en effet un véritable traité qui lia ces deux femmes et marqua le début de leur complicité (car il n'y a pas d'autre nom à donner à une amitié basée sur une similitude de goûts et de vues. sans doute, consolidée aussi par la communauté de l'origine et l'analogie de la destinée. mais avant tout étayée sur des intérêts passionnels et politiques). Théodora facilitait les relations d'Antonina avec le Thrace Théodose, le plus cher de ses amants ; en échange, la générale endossait comme siens les favoris que l'opinion publique attribuait à l'impératrice. De cette façon. au cas où les maris eussent pris ombrage, chacune des épouses n'eût pas eu de peine à prouver qu'elle n'était coupable que de s'être imprudemment sacrifiée pour la cause de son amie.

Les premières semaines de leur intimité furent signalées par le premier service que rendit Antonina à sa compagne. Elle la prévint qu'un de ses amants l'Illyrien Aérobinde, intendant des palais, s'était vanté, en présence d'elle-même et de plusieurs autres dames, d'être honoré des faveurs impériales. Cette fatuité devait lui coûter cher, il fut enfermé dans les cachots de l'Hœréon, le bourreau le tua, le dépeça et jeta dans le Bosphore les morceaux de son cadavre.

La vindicte des deux amies n'avait pas besoin de

Théodora rendant le Trace Théodose à Antonina... (Page 59).

griefs aussi sérieux pour s'exercer. Un certain Priscus, secrétaire favori de Justinien, avait un jour amené au palais un chien savant, Python, lequel était doué d'un flair subtil qui lui permettait de subodorer la débauche ; il découvrait ainsi les femmes coupables d'adultère et les jeunes filles qui avaient perdu leur virginité. Pour donner un échantillon de son talent il commença par s'arrêter devant l'impératrice et la générale et revint obstinément les flairer. Le chien fut expulsé à coups de pieds et le maître enlevé, tonsuré et enfermé dans une île lointaine.

Dès lors on trouve Théodora et Antonina mêlées à toutes les intrigues du palais comme à toute l'histoire extérieure de l'empire byzantin.

L'Italie était alors sous la domination de Goths ; leur reine, Amalasonthe, avait entamé des négociations secrètes avec Justinien pour lui céder l'Italie en échange d'un palais de Constantinople où elle serait venue se retirer. Théodora se mit à jalouser cette princesse qui était belle et instruite; par son ordre Antonina recruta des émissaires qui se chargèrent d'informer les Goths de la trahison de leur reine; Théodat et les chefs goths, à cette révélation, emprisonnèrent celle-ci dans une île et la firent étrangler ; ce fut pour venger sa mort que Bélisaire chassa les Goths.

Théodora avait juré de se débarrasser du pape Silvère, son ennemi personnel ; Antonina se chargea de prétendre qu'il avait voulu livrer aux Goths une porte de l'enceinte ; le pape dut venir à Byzance présenter sa justification.

Quand il fut admis auprès de Théodora il vit Bélisaire à ses pieds ; il fut aussitôt enchaîné, dépouillé de ses ornements pontificaux, revêtu de la bure monastique et exilé dans un couvent où Antonina acheva son œuvre en le faisant empoisonner.

52

Jean de Cappadoce, préfet du prétoire, surveillait pour le compte de Justinien, la conduite de l'impératrice dans le palais d'été, sa perte fut arrêtée entre les deux amies. Se servant de sa fille Euphémie comme appeau, Antonina l'attira dans le piège d'un complot forgé de toutes pièces ; deux préfets du palais, Marcellus et l'eunuque Narsès, prévenus par ses soins, le prirent sur le fait et l'arrêtèrent ; ses biens furent confisqués et il fut exilé à Cyzique.

Mais cette vengeance ne suffisait pas à Théodora : elle profita de ce que l'évêque de Cyzique avait été tué dans une émeute pour accuser de ce meurtre Jean de Cappadoce, qui fut de nouveau incarcéré. Condamné à la fustigation il eut tout le corps déchiré par les lanières de cuir ; la douleur lui fit avouer quelques déprédations et plusieurs crimes, ce qui lui valut la déportation en Egypte où les portes d'un couvent se refermèrent sur lui. Pierre Barsyame, amant de Théodora, lui succéda dans ses fonctions.

Antonina eut encore l'occasion de rendre à sa souveraine un criminel service dans la tragique aventure de Joannès, l'enfant qu'elle avait eu d'un chef arabe.

Théodora, que ses excès avait rendue inféconde, avait complètement oublié ce fils. Mais celui-ci apprit de son père mourant, comment se nommait sa mère et ce qu'elle était devenue. Joannès vint à Byzance résolu à se faire reconnaître d'elle et à réclamer les droits que lui donnait sa naissance. Les premiers à qui il s'ouvrit de ses prétentions le regardèrent comme un fou.

Théodora comprit le danger qu'il pouvait lui faire courir et s'empressa de le recevoir dans le fatal palais de l'Hæréon. L'entrevue entre la mère et le fils fut courte. En voyant venir à elle ce jeune homme au teint olivâtre qui avait la démarche élégante et

souple de son père, les yeux perçants et les lèvres
sensuelles de sa mère, Théodora n'eut pas un tressaillement ; elle se dit que s'il lui ressemblait il devait être ambitieux et hardi et qu'il faudrait compter avec sa ténacité.

Elle se composa un visage froid, fermé, et d'un
regard dédaigneux arrêta les élans du jeune homme.

Glacé par cet accueil, celui-ci oublia les mots de
tendresse qu'il avait préparés. Il ne sut que mettre
un genou en terre devant sa mère et lui répéter la
suprême confidence que lui avait faite son père en
mourant là-bas, sous la tente, dans le désert de
sable.

— Tu as rêvé, prononça-t elle, quand il eut fini,
ou bien ce chef a eu le délire ; l'impératrice d'Orient
n'a jamais eu rien de commun avec celui qui fut ton
père.

Comme il essayait une vague protestation, elle
ébaucha un geste d'indulgence.

— Quel que soit, dit-elle, le motif qui t'a poussé
à t'approcher de moi, je ne veux pas le chercher et
je pardonne à ta témérité. Je consens à t'admettre dans ma garde particulière ; dès maintenant tu
en fais partie, et puisque tu as quitté ton pays pour
venir ici, tu resteras à Byzance, dans ce palais.

Elle se souleva légèrement et appela :

— Adramytis !

Un colosse noir parut, un eunuque qu'elle avait
ramené de ses voyages en terre Africaine. Tout
le monde connaissait ce géant de bronze, qui éprouvait pour sa maîtresse une adoration de chien fidèle
et obéissait silencieusement, aveuglément, sur un
signe. On disait que c'était un démon, brûlé par le
feu de l'enfer, qu'elle avait acheté à un magicien
égyptien.

— Adramytis, ordonna-t-elle, je te confie ce jeune

homme, guide-le dans l'Hæréon, montre-lui en les curiosités, de façon à ce que le séjour lui en soit agréable.

Adramytis s'inclina et fit signe à l'étranger de le suivre. Il souleva une tenture bleu ciel qui recouvrait une porte rouge sang de bœuf, et prit dans sa ceinture une clef qui ne le quittait jamais et qu'il était seul à posséder.

Joannès prit congé de l'impératrice qui accueillit son hommage du même air détaché et ne tourna même pas la tête quand la lourde porte, se refermant avec un bruit lugubre, étouffa les pas de son fils et de son affidé, et pourtant elle savait qu'elle ne devait plus revoir Joannès.

Adramytis conduisit l'Arabe à travers les souterrains du Labyrinthe, il le mena jusqu'à un cachot creusé dans un roc qui surplombait le Bosphore ; puis, portant brusquement la main à sa ceinture, il s'arma d'un poignard, et en frappa d'un coup sûr Joannès qui s'affaissa sans un cri. L'eunuque, avec une extraordinaire aisance, souleva le corps dans ses bras puissants et l'approcha de l'orifice d'un puits qui s'ouvrait dans le sol du cachot et au fond duquel on entendait le clapotement de la mer. Il balança le cadavre une seconde et le lâcha dans le vide... Il n'y eut plus d'autre bruit que la chute d'un corps dans l'eau qui se refermait à jamais sur le secret de Théodora...

L'impératrice était toujours seule dans la salle où elle avait donné audience ; elle jouait négligemment avec les nombreex bijoux qui la faisaient semblable à une idole.

Elle n'avait pas un remords de même qu'elle n'avait pas eu une hésitation ; à aucun instant elle ne sentit un tressaillement dans les flancs qui avaient porté cet être jeune et beau — son fils — qu'elle vouait froidement à la mort et faisait jeter aux poissons du Bosphore...

Adramytis ne revint même pas dire que tout était fini ; l'eunuque savait toujours comprendre et exécuter ; il n'avait pas besoin de rendre compte des missions dont il était chargé ; un démon ne les eût pas accomplies avec plus de sûreté.

Cependant, avant de disparaître, Joannès avait trop parlé. Quelques bruits inquiétants parvinrent jusqu'aux oreilles de Justinien qui voulut être renseigné sur ce qui avait pu leur donner naissance. Théodora ne nia nullement la visite d'un étranger dans son palais, mais elle prétendit qu'il s'agissait d'un fils d'Antonina dont celle-ci voulait cacher l'existence à Bélisaire. La générale, était alors en Italie ; à son retour elle confirma simplement les déclarations de l'impératrice, qui n'attendait pas moins de son dévouement. La mère, meurtrière de son fils, n'avait plus rien à craindre.

Ce bienfait ne devait pas être perdu ; Théodora intervint plus d'une fois dans la perpétuelle intrigue que fut l'existence de son amie.

Avant son mariage avec Bélisaire, Antonina avait un fils, Photius, jeune homme courageux, fier, digne, qui était le lieutenant de son beau-père et ne pardonnait pas à sa mère des débauches qui le déshonoraient ; prenant le parti de Bélisaire, il fit la guerre aux amants d'Antonina, ce qui amena entre la mère et le fils une lutte criminelle.

Antonina s'était éperdument éprise du beau Théodose, un jeune Thrace qui était le fils adoptif de son mari ; cette sorte d'inceste plaisait sans doute au fond satanique de son âme compliquée et perverse. Elle ne pouvait se passer de lui et faisait en sorte qu'il pût la suivre dans ses déplacements ; quand elle était en Italie il se trouvait à Ravennes comme gouverneur ; lorsqu'elle accompagna Bélisaire en Afrique, elle le fit nommer administrateur de Carthage (où il commit d'ailleurs des malversations équivalant à deux cent mille francs de notre monnaie). Antonina, qui n'avait aucun souci de pudeur, s'accouplait avec le pupille du général en présence de ses femmes et de ses eunuques. Ils commirent de telles imprudences qu'à Carthage ils se firent surprendre par Bélisaire au moment où Théodose remettait en hâte ses vêtements. Antonina ne se troubla pas ; elle expliqua immédiatement au général que son pupille était venu reprendre des vêtements et des bijoux qu'il avait pris sur l'ennemi et cachés chez elle par crainte de la cupidité de l'empereur. Elle protesta si bien de son innocence, en coupant de larmes les négations indignées, que Bélisaire finit par admettre cette fable, par douter de ce qu'il avait vu et par abandonner à l'épouse injustement soupçonnée une esclave et deux eunuques qui l'avaient dénoncée ; Antonina exerça sur eux une cruelle vengeance : elle leur fit arracher la langue ; après quoi leur corps fut coupé en morceaux et jeté à la mer.

Cependant Théodose, épouvanté, avait pris la fuite, s'était fait raser la tête et était entré dans un couvent d'Ephèse. Antonina se désola de cet abandon et ne put s'y résigner ; elle envoya au Thrace messages sur messages, et comme ceux-ci demeuraient sans effet, elle prit un parti énergique : elle enleva son amant et le conduisit à Byzance, profitant de ce que Bélisaire guerroyait alors contre les Perses.

Photius, écœuré et poussé à bout par ce scandale éhonté, soudoya l'eunuque Calligone qui appartenait à Théodose et se transporta avec lui au cœur de l'Asie, dans le camp même de Bélisaire. Sur l'ordre de Photius, Calligone fit au général le récit des débordements auxquels il avait assisté. Bélisaire crut cette fois à l'indignité d'Antonina ; il remercia son beau-fils de lui avoir ouvert les yeux ; tous deux résolurent de se venger de cette créature, oubliant l'un qu'elle était sa mère, l'autre qu'elle était sa femme, pour se souvenir seulement d'une conduite indigne, d'une infamie publique, qui éclaboussaient leur honneur de soldats. Il fut convenu qu'ils agiraient par ruse et que Bélisaire feindrait de tout ignorer.

Le général enjoignit à sa femme de le rejoindre à Nisib, en Perse ; elle vint sans défiance.

Il y eut entre les deux époux une scène violente ; Bélisaire leva l'épée sur sa femme, mais son bras retomba ; il l'aimait toujours, malgré tout et ne se sentait pas la force de la tuer ; mais il ne pardonna pas, il la retint prisonnière, gardée à vue et lui retira les privilèges que lui conférait son rang.

Pendant ce temps Photius se mettait à la recherche de Théodose, qui prit peur et s'enferma dans la basilique de Saint-Jean.

Photius, s'autorisant de l'exemple de l'impératrice qui avait fréquemment violé le droit d'asile, contraignit l'évêque Andréas à lui livrer le fugitif. Quand Photius tint en son pouvoir l'amant de sa mère, il le transporta en Cilicie et l'y garda prisonnier.

Antonina fut plus touchée par l'éloignement de son Thrace que par sa propre infortune ; elle invoqua l'assistance de Théodora.

L'impératrice n'osa pas tout d'abord toucher au beau-fils du général tant de fois victorieux, qui avait affermi la monarchie à l'intérieur, et lui avait donné à l'extérieur une brillante gloire militaire ; mais elle s'acharna sur les partisans de Photius et de Bélisaire. C'est ainsi qu'elle fit arrêter un sénateur, ami de Photius, qui avait participé à l'entreprise dirigée contre l'amant d'Antonina.

Elle l'attacha à une chaîne trop courte, qui ne lui permettait pas de se coucher et l'obligea à rester debout pendant quatre mois dans un cachot de l'Hæréon. Au bout de ce temps, il devint fou et se mit à beugler ; Théodora, qui allait le voir tous les jours, s'en amusa follement jusqu'à ce qu'il mourût dans un accès furieux.

Alors elle fit emprisonner Photius et exigea qu'il indiquât en quel lieu il séquestrait Théodose. Comme il se refusait à le faire connaître, elle le fit fouetter de verges comme un esclave, sans égard pour son grade de général et son titre de consul honoraire ; le supplice ne prit fin que lorsqu'il désigna le fort de Cilicie dans lequel était détenu le pupille de Bélisaire.

Théodora y dépêcha immédiatement ses eunuques qui délivrèrent le beau Thrace et le lui amenèrent dans l'Hæréon. Par une perfidie d'origine satanique, mais qui est devenue bien féminine, l'impératrice résolut de prendre l'amant qui tenait une si grande place dans le cœur de son amie.

Elle lui fit oublier sa captivité en le plongeant dans les délices sans bornes du paradis voluptueux qui s'élevait au-dessus du Tartare où avaient passé tant de victimes ; elle le grisa de bons vins et de baisers troublants ; elle lui offrit tous les plaisirs de son palais et toutes les joies de sa chair sensuelle qui frémissait de désir sous un trésor de joyaux.

Elle le combla de faveurs et de dignités, se roula avec lui dans les délices effrénées des luxures infernales auxquelles elle conviait ses amants. Quand la passionnée Antonina revint de Perse, elle lui tut cette aventure et continua en secret à faire le bonheur du beau Thrace.

Quand elle n'eut plus rien à attendre de lui, qu'elle eût goûté jusqu'à la satiété toutes les ivresses qu'il pouvait lui donner, elle fit venir la générale et lui dit :

— Très chère patrice, je possède un bijou d'une rare beauté, si merveilleux que personne n'a le pareil ; je veux te le donner à toi, ma favorite, comme gage de notre amitié. Tiens, je te l'offre dans un écrin digne de lui.

Elle fit un signe ; deux eunuques écartèrent une tenture de soie qui découvrit Théodose, frisé, parfumé, étendu à demi nu sur un lit de repos garni de pourpre. Une table était à portée de sa main, chargée de mets exquis et de boissons aphrodisiaques ; le Thrace, le coude sur un coussin moëlleux, soutenait sa belle tête, et il souriait, prêt aux enlacements amoureux. Antonina poussa un cri qui ressemblait à un spasme, elle se précipita les bras tendus vers l'amant si miraculeusement retrouvé et le couvrit de baisers passionnés. Elle ne s'interrompit que pour remercier Théodora de ce présent impérial, ne se doutant pas que son amie avait attendu pour le lui rendre qu'elle eût été fatiguée de s'en parer. Puis elle se jeta sur le jeune homme avec des cris et des mots d'adoration qui disaient son impatience de volupté. Les rideaux se refermèrent sur ces ébats, mais Théodora eut soin de rester dissimulée dans les plis pour voir comment se comportait, dans les bras d'une autre, l'amant qui sortait des siens.

Ce roman d'amour et de vengeance n'était point encore terminé ; l'Augusta ne pouvait supporter qu'un mari s'insurgeât contre les désordres de sa femme ; mais Bélisaire, qui avait la faveur de Justinien et que ses victoires et ses conquêtes avait rendu indispensable, n'était pas facile à attteindre ;

60

Théodora usa du grand moyen, qui lui avait toujours réussi.

Lorsqu'elle voulait pénétrer les secrètes intentions des gens, elle faisait, pendant quelques semaines, semblant d'être brouillée avec Justinien. Alors les naïfs se démasquaient : les uns venaient se plaindre à Théodora de la tyrannie de l'empereur ; Théodora s'empressait de verser ces confidences dans l'oreille de Justinien qui sévissait à coup sûr ; les autres croyaient faire leur cour en dévoilant les scandales de l'impératrice à Justinien qui les livrait aussitôt au ressentiment de son épouse.

Elle fit donc répandre en Perse le bruit de la mort de Justinien ; dans le camp de Bélisaire on proposa de renverser Théodora la prostituée et d'acclamer le général. Celui-ci, mandé à Byzance, reçut un accueil qui lui fit croire qu'on avait décidé sa perte : mais Théodora lui fit savoir qu'elle était prête à le faire rentrer en grâce en considération de sa femme ; qu'on aurait vis-à-vis de lui une conduite analogue à celle qu'il adopterait vis-à-vis d'Antonina qui tenait ainsi sa fortune et sa vie entre ses mains. Bélisaire accourut à l'Hæréon et s'humilia une fois de plus devant cette créature qui le dominait complètement. Il se jeta à ses pieds, la nomma sa déesse et sa bienfaitrice ; elle daigna lui accorder son pardon. Photius fut la rançon de cette réconciliation, il demeura prisonnier dans le Tartare souterrain ; mais il eut la chance extraordinaire de s'en échapper, ce qui n'arriva peut-être à aucun autre prisonnier.

Il alla se cacher en Palestine dans un couvent. Antonina, qui n'avait plus rien à craindre, s'était hâtée de reprendre ses folles amours avec Théodose et de réparer à force de caresses le temps perdu.

Mais l'épilogue du roman était proche ; Théodose n'avait plus bien des jours à vivre.

Procope croit qu'il est mort de la dyssenterie ; il est plus probable que Théodora était excédée, (ou peut-être même jalouse, peut-on savoir ?...) de ce bellâtre dont les amours s'attardaient d'une façon fastidieuse ; elle dut le faire empoisonner.

Elle n'aimait ni les serments éternels, ni les baisers trop prolongés des mêmes bouches ; Théodose mort, elle se rejeta avec plus de fièvre que jamais dans son impudicité ; elle elle y entraîna la sensible générale ; ces deux femmes étaient rivées l'une à l'autre par cette complicité qui avait entassé crimes sur crimes ; chacune avait tiré l'autre de tragiques embarras et partageait avec son âme damnée de terribles secrets.

L'Hæréon devint plus que jamais un paradis merveilleux qui servait d'antichambre à l'enfer.

Souvent quatre jeunes gens étaient accostés dans les rues de Byzance par de jolies femmes aux allures mystérieuses ; ils étaient conduits à l'Hæréon, car ce n'étaient pas pour elles-mêmes que racolaient ces pourvoyeuses d'amour. Les adolescents ainsi recrutés croyaient rêver, lorsqu'après avoir traversé des jardins enchantés ils pénétraient dans une longue enfilade d'appartements somptueux. Enfin ils étaient introduits dans une salle, garnie de meubles voluptueux, où l'air s'alourdissait de parfums grisants. Quatre femmes y étaient assises autour d'une table somptueuse ; deux d'entre elles, les plus jeunes mais non les plus tentantes, s'appelaient Clysomale et Macédonia ; ils entendaient nommer Antonina, une troisième, plus âgée, d'une beauté mûre et passionnée ; quant à la quatrième, à laquelle les autres s'adressaient avec une sorte de déférence, sensible à travers les propos les plus libres, elle était petite et brune, de teint mat avec des lèvres rouges et des yeux brillants ; des diamants, des coraux et des perles ruisselaient sur son corps aux attitudes lascives, un charme irrésistible émanait de toute sa personne.

Les jeunes gens étaient invités à s'asseoir au milieu des belles soupeuses ; ils étaient gorgés de bonne chère, de liqueurs capiteuses, de baisers passionnés ; jusqu'au matin ils hurlaient de volupté dans les bras frémissants de ces amantes insatiables. Quand le jour blanchissait l'horizon et se glissait entre les rideaux tirés, un colosse noir, l'eunuque Adramytis, apparaissait et leur faisait signe de le suivre.

Après de derniers baisers, plus langoureux mais enfiévrés encore, ils s'arrachaient aux étreintes de leurs impétueuses maîtresses, qui leur jetaient un perfide « au revoir » ; ils suivaient l'eunuque, confiants, enivrés encore de volupté et bien loin de songer à la mort. Adramytis soulevait la tenture bleue, ouvrait la porte rouge et faisait passer devant lui les amoureux. Un corridor, un escalier... encore des corridors et des escaliers... on descendait dans les entrailles de la terre... Brusquement le sol cédait sous les pieds des quatre jeunes gens ; ils poussaient des cris déchirants en se sentant précipités dans le vide ; ce puits dans lequel ils tombaient était hérissé de vers et de faulx qui mettaient leurs corps en lambeaux ; tout au fond le Bosphore les attendait et les engloutissait. Puis l'eau de mer, dans le remous de ses vagues giclantes, effaçait les souillures des parois ; il ne restait plus trace de sang dans les oubliettes, plus trace des amants de Théodora...

L'impératrice, sa favorite et ses amies menèrent encore quelques années cette existence ; Bélisaire les sauva pendant la sédition Niké, où l'on vit une Théodora indomptable, faisant face à l'émeute, qui

lut noyée dans le sang. Théodora mourut la première, d'un cancer, usée prématurément par ses
débauches, en 548, après vingt-deux ans de règne ;
puis Justinien, puis Antonina et Bélisaire.

Après comme avant cette Théodora auréolée de
crimes sans nom, flamboyante de luxure et d'impudicité, les autres impératrices byzantines paraissent
de pâles Sataniques, et pourtant plusieurs suivirent
cet exemple maudit et gardent sur leur face de goules des reflets sanglants ; telle l'impératrice *Théo-
phano*, fille d'un cabaretier, débauchée et ambitieuse, qui fit tuer son beau-père pour régner plus
vite, son mari, pour épouser son amant qu'elle ne
tarda pas à faire assassiner dans son lit ; telle encore
l'impératrice *Zoé* qui ne mit à mort qu'un époux mais
en eut trois et un nombre considérable d'amants.
Elle avait d'abord essayé d'empoisonner à petites
doses son mari, qui n'arrivait pas, malgré les philtres et les boissons excitantes, à satisfaire son impérieuse luxure ; elle lui fit maintenir la tête sous
l'eau d'un bain par ses eunuques tandisqu'elle revêtait son amant des ornements impériaux. De trois
de ses amants elle fit des maris et des empereurs ;
elle les choisissait jeunes, beaux et ardents, le plus
souvent mariés, et y tenait tellement que, lorsqu'elle
fut vieille, elle se résignait, pour les conserver, à
leur permettre de garder une femme ou une maîtresse jeune et jolie ; ce fut ainsi qu'à deux époques
il y eut deux impératrices à la fois, la véritable et
la favorite, qui jouissaient l'une et l'autre des privilèges souverains.

Les impératrices d'Orient ont ainsi laissé une
longue suite de débauches et de forfaits ; mais elles
s'effacent toutes devant la prestigieuse figure de
Théodora, dans l'ombre de laquelle rampe Anto-

nina, cette autre démone. Voilà bien, semble-t-il, la plus grande Satanique des temps passés ; à tous les vices de Sémiramis, de Cléopâtre, de Messaline, elle ajouta une monstrueuse hypocrisie.

Les trois premières étaient la Satanique des premiers âges ; Théodora est la même, façonnée par la civilisation et parvenue au dernier degré de la perversité.

Satan n'a pas, dans toute l'histoire, de fille plus chérie que cette courtisane impératrice qui, parée comme une châsse, se prostituait à tout l'univers sur un fumier sanglant.

Femme tourmentée par un incube

(Page 75)

D'après une miniature du XIVe siècle.

3

CHAPITRE IV

La Volupté
dans les Commerces Démoniaques

Les cauchemars d'amour. — L'union incubique : sa nature, son mécanisme, ses suites. — L'humeur et la lubricité des incubes. — Les Ribaudes du Diable et les grossesses maudites. — Anecdotes et controverses.

Aprés Théodora, qui ouvre le moyen-âge, le Satanisme va prendre une forme nouvelle. Jusqu'ici, dans le polythéisme païen, le principe du mal était divinisé et c'était généralement une femme qui le représentait. A côté de *Lilith* et *Dercéto* on peut rappeler *Mylitta*, adorée en Asie Mineure et en Mésopotamie, *Anaïtis* en Arménie, *Mithra* en Perse, *Alitta* en Arabie, *Astarté* ou *Astaroth* en Phénicie et à Carthage. Dans la religion hindoue, les déesses du mal sont très nombreuses : *Bhavani* qui a un double aspect, tantôt divinité brillante et fécondante, mère des Dieux, tantôt génie destructeur et ténébreux, symbolisant le châtiment, le malheur, la mort ; *Kali*, l'ogresse sanguinaire, qui précipite au fond de l'abîme les anges révoltés ; *Mondevi* qui enfante les discordes, les guerres, qui brise les unions et détruit les amours ; *Rondravi*, la furie vengeresse qui torture les damnés, celle qui fait couler les larmes et qu'apaisent seulement les sacrifices humains, *Mohani-Maya*, la « fausse beauté », celle qui est douée de tous les attraits, qui possède des séductions irrésistibles, mais exerce par son charme funeste de terribles ravages, et détruit sans pitié les plus chères illusions.

Dans la mythologie grecque et latine, toutes les mauvaises passions sont femmes, elles se nomment les *Euménides*, les *Harpies*, *Némésis*. Aux enfers les Romains placent *Proserpine*, les grecs *Perséphone* et *Hécate*, la triple Hécate, qui préside aux maléfices, à la magie, à la mort, et lance sur la terre des monstres qui trompent l'homme ; cette dernière est aussi la lune à la forme changeante : c'est elle qui, sous le nom de *Necato*, éclairera de sa lueur blafarde les orgies du Sabbat.

Au moyen-âge, Satan n'a plus d'autels dressés parmi des colonnes de marbre, mais son culte impur s'épanouit dans l'ombre des églises romanes et des cathédrales gothiques. Madame Satan ne siège plus à côté de lui dans les enfers ou sous la voûte des temples, mais toute femme peut être choisie par lui et devenir son épouse. Voilà bien la caractéristique de cette époque où jamais la foi ne fut plus vive ni les superstitions plus enracinées. Remarquons en passant que ce mot de superstition est impropre : le moyen-âge n'est pas l'ère d'ignorance et de ténèbres que d'aucuns se plaisent à imaginer ; c'est une époque artiste, travailleuse et avant tout chercheuse ; ses superstitions ne sont pas des croyances grossières et ridicules ; elles sont ou bien des symboles d'une réelle signification et d'une large portée, ou bien, le plus souvent, les essais d'interprétation de phénomènes obscurs mal définis, au sujet desquels la science moderne échafaude des hypothèses qui n'en diffèrent pas toujours et qui ne sont pas plus définitives.

La caractéristique de cette période nous est donc offerte par l'union charnelle de la créature humaine et du suppôt diabolique, par la volupté démoniaque qui rapproche la terre de l'enfer dans une étreinte maudite, dans un baiser sacrilège.

Ce commerce satanique ne date pas de l'époque à laquelle nous sommes parvenus ; la légende de Nahéma en est la trace la plus lointaine. Il y en a d'autres. La Genèse nous parle, au livre de Moïse, des Benci-hâ-Elohim, anges déchus, qui après leur révolte et leur châtiment s'accouplèrent avec les filles des hommes ; c'est de cette union que sortirent les Gibborim ou Néphilim, une race de géants qui fut anéantie par le déluge, dont la science constate le passage sur notre planète et que mentionnent les livres saints de toutes les religions.

Diverses légendes attribuent une origine démoniaque à des personnages historiques ou à des monstres légendaires. Aux fêtes d'Apollon, *Atys* fut possédée par un serpent dans lequel le dieu s'était sans doute incarné ; elle mit au jour Auguste et conserva marquée sur le ventre, de façon ineffaçable, l'image du reptile.

Toutes les amours mythologiques dans lesquelles une femme est aimée par un cygne ou par un taureau sont également des unions démoniaques ; ces légendes essaient d'expliquer la production de ces monstres à corps d'homme et à tête d'animal qu'enfante de loin en loin la nature. Les Grecs interprétaient au moyen d'une fornication d'essence satanique un certain ordre de phémonènes qui se sont observés de tout temps. Ils avaient constaté que, dans des circonstances déterminées, un cauchemar peut prendre toutes les apparences d'un acte matériel ; il semble parfois que l'être aux prises avec un rêve érotique se trouve enlacé par une créature invisible, que ses bras se referment sur un corps fluidique mais sensible ; le rêve aboutit alors à la terminaison qui serait la sienne dans la réalité ; devant un pareil résultat les Grecs n'auraient pas cru possible d'admettre simplement un réflexe musculaire produit par une excitation cérébrale intense ; ils voyaient dans une pollution de ce genre l'intervention d'un démon qu'ils nommaient *éphialte* et qui était le cauchemar matérialisé.

Ces phénomènes s'observaient dans les temples, sur les prêtres et les prêtresses des cultes orgiaques et étaient de tous points analogues à ceux qu'engendre couramment la continence exaspérée de la vie monastique. Ces éphialtes, pour pouvoir polluer tantôt une femme et tantôt un homme, étaient hermaphrodites et c'étaient soit les organes mâles soit les organes femelles qui prédominaient momentanément, suivant le sexe de la proie en butte à leurs attaques.

C'est à très peu de chose près l'idée que s'est faite le moyen-âge des *incubes* et des *succubes*, et que nous trouvons complaisamment développée dans toutes les dissertations latines des démonographes et dans tous les procès de sorcellerie, avec cette différence que les anciens n'étaient pas les ennemis des dieux lares ou des divinités champêtres sur le compte desquels ils mettaient ces attentats, tandis que les chrétiens haïssaient le Démon auquel ils les attribuaient.

Quand le diable voulait posséder une femme, il prenait une apparence masculine et la souillait en se couchant sur elle (d'où le nom d'incubat) ; de même pour copuler avec un homme, il revêtait une forme féminine et se couchait sous lui, (ce qu'on désignait par succubat).

Les relations entre créatures humaines et infernales offraient, grâce aux conditions dans lesquelles elles se produisaient, un caractère suprêmement luxurieux et une volupté des plus aiguës.

Tous les théologiens et démonographes ont écrit que le membre viril du diable se bifurquait en deux, quelquefois trois branches ; il les utilisait toutes pour donner plus de plaisir à la femme qu'il visitait sous la forme incubique ; avait-il une troisième branche, celle-ci s'allongeait jusqu'à atteindre le bas du visage.

L'acte charnel se présentait donc avec une complexité qu'il ne peut avoir dans la vie, et sa réalisation exigeait une plus longue durée ; les préludes en étaient également plus lascifs et plus énervants, l'étreinte faisait éprouver à la femme les sensations les plus complètes et les plus variées; et quand elle avait vibré dans toutes ses fibres d'un long et indescriptible frisson, le spasme qui la secouait était véritablement inouï.

Aussi s'expliquait-on qu'une femme qui avait connu la possession incubique ne voulût plus de baisers humains.

La sensation n'était pas aussi parfaite quand les larves prenaient une forme féminine pour polluer les hommes ; leur étreinte laissait après elle l'inassouvissement ; mais la volupté quoique plus énervante n'était pas moindre. Tout être qui était la proie d'un succube languissait sans jamais guérir, il dépérissait torturé par le désir de leurs infernales caresses.

Les femmes qui recevaient la visite des incubes se reconnaissaient à leur peau, qui demeurait en toute saison froide comme la glace. Elles se classaient en deux catégories, celles qui étaient la victime d'un maléfice et celles qui voulaient s'accoupler avec le démon ; dans le premier cas la possession

avait lieu pendant le sommeil de la femme et lui
faisait l'effet d'un rêve ; tandis que dans le second
elle recevait la visite de l'incube alors qu'elle était
éveillée et en avait parfaitement conscience.

Il n'y a rien de curieux comme certaines gravu-
res anciennes représentant des êtres livrés aux caresses affolantes, exténuantes des incubes et des
succubes ; les documents écrits abondent sur la
matière.

Du reste, l'Eglise a reconnu formellement l'incubat et le succcubat par la bouche de saint Augustin, de saint Bonaventure, de Denys le Chartreux
et du pape Innocent VIII.

Sans nous attarder à la tentation de saint Antoine, rappelons le cas de Saint Hippolyte tenté par
un succube qui se présentait à lui sous la forme
d'une femme nue : il jeta sa chasuble sur l'apparition ; le vêtement s'effondra à terre, ne recouvrant
plus que le corps inanimé d'une femme morte : c'é-
tait le diable qui avait animé un cadavre pour opé-
rer cette tentation.

Saint Augustin écrit dans la « Cité de Dieu » :

« Le bruit commun est, et plusieurs l'ont essayé
et encore entendu de ceux la foy desquels ne peut
estre révoquée en doute, que certains fauves et animaux silvestres appelez du commun incubes ont
esté fâcheux et envieux aux femmes, tellement qu'ils
ont souvent convoité d'habiter avec elles, et se trouvent certains démons que les Français appellent
« Dusii », lesquels s'efforcent tant qu'ils peuvent de
cognoistre les femmes et souvent ils accomplissent
leur dessein ; tellement que de nier cela est un trait
d'un homme impudent. »

Bodin, dans sa « Démonomanie », raconte que
« Jeanne Herviller, native de Verbery près Com-
piègne, fut livrée par sa mère au diable à l'âge de

Départ pour le Sabbat (d'après Queverdo)

douze ans. La mère dit au diable : « Voicy ma fille que vous ai promise » et à la fille : « Voicy vostre amy qui vous fera bien heureuse », et dès lors elle renonça à Dieu, à la religion et il coucha avec elle charnellement en la mesme sorte et manière que font les hommes avecques les femmes, hormis que la semence estoit froide. Cela, dit-elle, continua tous les quinze jours, même icelle estant couchée près de son mary sans qu'il s'en apperceut. Et un jour le diable lui demanda si elle voulait estre enceinte de lui et elle ne voulut pas. »

Crespet dans « La hayne de Satan », citant « les Antiques leçons » de Col. Rhodiginus, « soustient que les diables peuvent habiter avec les femmes, *Dœmones fœcundos esse femine, et croïre, angelos vero bonos minime.* Et souvent on a trouvé des sorcières ès lieux escartés, couchées à la renverse et se remuer comme estans en l'acte vénérien, et aussitost le diable se lever en forme de nuée épaisse et fœtide. »

Le même Crespet, citant « l'Hystoire écossoise » d'Hector Boëtius raconte une tempête en mer, pendant laquelle une femme s'accusa « que de long-temps elle avait souffert un dyable incube qui la venait parfois vexer et qu'il ne faisait que partir de sa compagnie, les suppliant qu'ils la jetassent en la mer, car elle se sentait grandement coupable pour un crime tant horrible et infâme. » Un prêtre qui se trouvait parmi les passagers la confessa, l'exorcisa « et aussistost qu'il luy eust donné l'absolution sacramentale, les assistants veirent lever en l'air du navire une espaisse nuée avec une fadeur et fumée accompagnée de flame, qui s'alla jeter en fond, et aussitost la sérénité fut rendue aux éléments. »

De Lancre, dans son « Tableau de l'inconstance des mauvais anges » consigne diverses anecdotes

74

qui présentent toutes les mêmes détails essentiels :
la semence froide que donne le diable et la nuée
fétide qui marque sa disparition :

« Bien souvent ils (deux inquisiteurs allemands)
ont veu des sorcières couchées par terre le ventre
en sus, remuant le corps avec la même agitation
que celles qui sont en cette sale action, prenant leur
plaisir avec ces esprits et démons incubes qui leur
sont visibles mais invisibles à tous autres, sauf qu'ils
voient après cet abominable accouplement une
puante et sale vapeur s'élever du corps de la sorcière de la grandeur d'un homme : si bien que plusieurs maris jaloux, voyant les malins esprits a-
cointer ainsi et cognoistre leurs femmes, pensant
que ce fussent vrayment des hommes, mettoient la
la main à l'espée, et qu'alors les démons disparois-
sans ils demeuraient moquez et rudement baffouez
par leurs femmes. »

En France la gaudriole ne perd jamais ses droits :
on voit d'ici la mine de ces maris jaloux, raillés par
leurs femmes que le diable vient « d'acointer » (une
expression savoureuse, dont l'étymologie fait image).

Du reste la croyance aux incubes fut fréquemment
exploitée par les femmes de conduite légère, ainsi
que le constate en 1725 M. de Saint André, médecin du roi : « L'incube est souvent une chimère qui
n'a pour fondement que le rêve... L'artifice n'a pas
moins de part à l'histoire des incubes. Une femme,
une fille, une dévote de nom, débauchée, qui affecte
de paraître vertueuse pour cacher son crime, fait
passer son amant pour un esprit incube qui l'obsède. »

Sans doute, il arriva plus d'une fois qu'une femme
surprise en flagrant délit par son mari, essaya de
lui faire croire qu'elle avait été violentée par le diable, et y parvint. Mais il y a eu un grand nombre

de faits, relevant de l'autosuggestion ou d'une télépathie très intime, très complète, qui furent patents et ont de ce chef attiré l'attention de nombre d'auteurs depuis les Pères de l'Eglise jusqu'aux docteurs de Sorbonne et au Père Costadu, un jésuite du XVIIIe siècle.

Les divers théologiens et philosophes qui se sont préoccupés de ces questions, quoique d'accord sur la nature des incubes, divergeaient d'opinion sur leurs goûts licencieux. Tandis que Bodin affirme qu'ils coïtent avec les vierges, de Lancre le conteste formellement, malgré de nombreuses anecdotes qui citent des jeunes filles déflorées par le démon avant leur puberté (et qui étaient toujours des filles de sorcières, c'est-à-dire des créatures vouées au diable par leur origine et dès leur naissance) ; la raison qu'il en donne c'est que le viol d'une vierge ne semble pas suffisant à Satan, dont la malice attend qu'elle soit mariée ; de la sorte son attentat s'aggrave du péché d'adultère, ce qui le rend plus raffiné. Prierias considère les démons comme les inventeurs de la sodomie et de la bestialité, à l'encontre de del Rio, qui prétend qu'ils s'abstiennent de pratiquer ces vices, mais qui est à peu près seul de cet avis. Mais ce qui est hors de cause c'est leur lubricité.

« Partout, écrit Guibert de Nogent dans ses Mémoires, on cite mille exemples de démons qui se font aimer des femmes et s'introduisent dans leur lit. Si la décence nous le permettait, nous raconterions beaucoup de ces amours de démons dont quelques-uns sont vraiment atroces dans le choix des tourments qu'ils font souffrir à ces pauvres créatures, tandis que d'autres se contentent d'assouvir leur lubricité. »

Quelques-uns s'efforçaient de se comporter comme de véritables amants, experts et passionnés ; mais les autres, plus instruits ou plus pervertis, s'adonnaient à des débauches stupéfiantes ; leur effroyable luxure et leur infinie puissance amoureuse eût suffi à les distinguer des amants ordinaires.

Parfois le diable ne s'attaquait qu'à la chasteté morale d'un jeune garçon ou d'une jeune fille ; il prenait place à côté de lui quand il était éveillé et lui chuchotait à l'oreille des propos impurs qui lui inspiraient des désirs extravagants ou des rêves érotiques. D'ordinaire c'était la nuit que survenait l'incube ; il assaillait la victime endormie, pesait sur elle de tout son corps, l'étouffait, s'acharnait jusqu'à ce qu'elle s'éveillât tremblante, couverte de sueur, glacée d'effroi au milieu des ténèbres hantées. L'involontaire complice de ces voluptés infernales ne voyait généralement rien de l'être surnaturel qui s'attaquait à lui ; mais il lui restait une lassitude sans nom, accompagnée dans l'incubat du désir impétueux de nouvelles étreintes, et dans le succubat d'une sensation d'inassouvissement très pénible, jusqu'à en être torturante.

S'il avait eu des doutes, ils se seraient dissipés devant les preuves matérielles qui souillaient sa couche et témoignaient de la pollution nocturne.

Les théologiens nous ont donné des détails circonstanciés sur les commerces démoniaques. De Lancre en fourmille :

« Johannès d'Aguerre dict que le diable en forme de bouc avait son membre au derrière et cognoissoit les femmes en agitant et poussant avec iceluy contre leur devant. Marie de Marigrave, agée de quinze ans, habitante de Biarrix, dict qu'elle a veu souvent le diable s'accoupler avec une infinité de femmes qu'elle nomme par nom et surnom : et que sa coutume est de cognoistre les belles par devant et les laides au rebours. »

N'est-ce pas amusant cette préoccupation du diable de s'éviter la contemplation d'un visage disgracieux ?

Telles étaient les étranges et dégradantes voluptés qu'offrait le Maudit aux sorcières, aux amantes incubiques, à toutes celles qu'on appelait les ribaudes du diable. Celles qui se livraient au baiser infâme du bouc monstrueux adoré au sabbat, éprouvaient d'effroyables sensations.

Pour se faire une idée de la possession démoniaque, il faut lire tout ce qui nous a été transmis par les démonographes, moines, magiciens ou inquisiteurs, qui ont étudié toutes ces questions en détail tantôt pour établir l'histoire de l'incubat, tantôt pour fixer la jurisprudence relative à la torture et au jugement des sorcières.

Les détails curieux que nous avons réunis sur ce sujet ont été puisés dans Bodin, Boguet, Sprenger, Del Rio, Remigius, Binsfeldius, Le Loyer, Taillepied et vingt autres qui ont écrit de volumineux recueils au seizième siècle et au commencement du dix-septième ; plusieurs de ces ouvrages sont en latin ; il nous a fallu respecter les formules latines pour certains détails que nous n'aurions pu exposer en français et qui conservent au contraire toute leur originalité.

La Reine du Sabbat livrée à la luxure de Satan était horriblement blessée par son organe énorme, recouvert d'écailles, hérissé de piquants, qui meurtrissait les chairs, les déchirait en leur infligeant une brûlure semblable à celle du fer rouge ; en même temps, par un terrifiant constraste, elle sentait couler un sperme abondant, aussi froid que la glace.

Tous les démonographes mentionnent cette particularité :

« *Igneam esse diaboli mentulam, frigidum vero semen ejus, Sabathi meretrices una voce confitentur.* »

La conformation de son membre, qui se divisait en deux branches, lui permettait de joindre l'union sodomitique au coït naturel :

« *Aliquid turpissimum (quod tamen scribam) astruunt : videlicet dæmonen incubum uti membro genitali bifurcato, ut simul utroque vase abutatur.*»

Parfois même c'était trois branches que formait la fourche ; alors le bas du visage était atteint en même temps pour une monstrueuse volupté ; et ce n'était que le commencement de turpitudes effrénées qui n'ont pas de nom, même en latin.

Une question qui a été très agitée au moyen âge, c'est de savoir si l'union incubique pouvait être féconde ; elle a été résolue par l'affirmative et on a étudié le mécanisme intime de la possession démoniaque de façon à montrer la possibilité de la fécondation.

Pour expliquer comment les démons peuvent engendrer, certains théologiens ont admis l'interprétation fournie par Vallesius, archiâtre Reggio, ainsi que le cite le R. P. Sinistrari d'Ameno :

« Ce que les incubes introduisent *in uteros*, n'est pas *qualecumque, neque quantecumque semen*, mais abondant, très épais, très chaud, très chargé d'esprit et sans aucune sérosité. Ceci est d'ailleurs pour eux chose facile : ils n'ont qu'à choisir des hommes chauds, robustes, *et abundantes multo semine, quibus succumbant ;* puis des femmes de même tempérament, *quibus incumbant,* en ayant soin de procurer aux uns et aux autres *voluptatem solito majorem ; tanto enim abundantius emettitur semen quantum majore voluptate excernitur.* »

Del Rio a aussi traité cette question en se préoccupant de la conservation de la force vitale pendant ce transfert ; il écrit dans ses « controverses et recherches magiques » :

« Toutes les sorcières s'accordent en cela, que la semence qu'elles reçoivent du diable est froide comme glace, et qu'elle n'apporte aucun plaisir, mais horreur plutost, et par conséquent ne peut être cause d'aucune génération. Je répons que le démon voulant décevoir la femme sous l'espèce et figure de quelque homme sans qu'elle s'aperçoive qu'il est un démon, imite lors, le plus convenablement qu'il peut, tout ce qui est requis en l'accouplement de l'homme et de la femme, et par ainsi met-il en peine, s'il veut que la génération s'ensuive (ce qui avient rarement) d'y employer tout ce qui est nécessaire à la génération, cherchant une semence prolifique qu'il conserve et jette d'une si grande vitesse que les esprits vitaux ne s'évaporent.

» Mais quand il n'a point l'intention d'engendrer, alors il se sert de je ne sçay quoy de semblable à la semence, chaud toutefois de peur que son imposture ne soit descouverte et tempere aussi le corps qu'il a pris de peur que par son attouchement il n'apporte de la crainte, de l'horreur ou de l'épouvantement.

» Au contraire, quand il se couple avec celles qui n'ignorent pas que ce soit un démon, il jette le plus souvent une semence imaginaire et froide, de laquelle je confesse ingénûment qu'il ne peut rien provenir.

» Et qui plus est, toutes les sorcières s'accordent en cela qu'il les interroge si elles conçoivent de ses œuvres ; et si d'aucunes se trouvent qui en aient envie, lors il se sert, comme je l'ay dit, de la vraye semence de l'homme. »

Pourtant l'opinion générale est que la procréation

est possible ; elle produit le plus souvent des monstres, témoin ce passage de Del Rio :

« Les démons peuvent aussi produire de certains
monstres inaccoutumés, tel que celuy qu'on a veu
au Brésil, de dix-sept palmes de hauteur, couvert
d'un cuir de lésard, ayant des tétins fort gros, les
bras de lyon, les yeux étincelants et flamboïans et
la langue de même : tels aussi ceux qui furent pris
aux forêts de Saxe, en l'an 1240, avec un visage
demy-humain ; si ce n'est par aventure qu'ils fussent nez de l'accouplement de quelques hommes
avec des bêtes brutes : qui est la plus certaine origine de la plupart des monstres. Car ainsi jadis,
Alcippe enfanta-t-elle un éléphant, pendant la guerre
Marsique. Ainsi trois femmes ont-elles accouché depuis, l'une en Suisse d'un lyon en 1728, l'autre à
Pavie d'un chat en l'an 1271, et l'autre d'un chien
en la ville de Bresse. Ainsi encore, l'an 1531, une
autre femme a-t-elle enfanté d'une même ventrée,
premièrement un chef d'homme enveloppé d'une
taye, par après un serpent à deux pieds et troisiè-
mement un pourceau tout entier... Certainement
en ces exemples ci-dessus allégués, je pense qu'il
faut dire que c'est le démon, qui sous la figure de
telles bestes a engrossé ces femmes. »

Mais les enfants du diable pouvaient aussi être
des hommes ; nous avons cité cette race de colosses
préhistoriques mentionnée par les livres sacrés.
Une tradition affirme même que les plus célèbres
entre les grands hommes furent les produits d'é-
treintes incubiques : Alexandre le Grand, Scipion
l'Africain, César Auguste, l'enchanteur Merlin,
Martin Luther, etc...

On a observé que les enfants nés d'une femme et
d'un incube pesaient plus lourd que les autres et
qu'ils pouvaient épuiser le lait de trois nourrices

Mélusine (page 93)

sans engraisser. **Enfin**, l'Eglise n'a jamais nié la possibilité dé cette génération ; quelques casuistes subtils se sont même demandé quel était dans ce cas-là le vrai père, les uns soutenant que c'était le démon qui avait forniqué avec la femme, les autres prétendant que c'était au contraire l'homme qui avait été pollué et dont la semence avait été prise par le démon, pour être aussitôt portée à la femme.

Quelques auteurs chrétiens ont déclaré que, dans certains cas, il était inutile au démon de jouer successivement ces rôles de succube et d'incube pour féconder une femme ; ceux-là s'appuyaient sur des textes pour montrer que Satan est pourvu de génitoires.

Les démonographes rapportent un grand nombre d'exemples de fécondation démoniaque, qui sont toujours caractérisés par le poids exagéré du rejeton de Satan.

Le Loyer, dans ses « Discours et histoires de spectres ». raconte l'histoire d'une jeune fille écossaise, hostile au mariage, qui, se trouvant enceinte et pressée par ses parents de désigner le séducteur, « confessa que c'estoit le diable qui couchoit toutes les nuicts avec elle, en forme de beau jeune homme. » Les parents, pour s'en rendre compte, pénétrèrent nuitamment dans la chambre ; « ils aperceurent au lict de la fille un monstre fort horrible n'ayant forme aucune d'homme. Le monstre fait contenance de ne vouloir quitter le lict », mais à l'approche d'un prêtre sort avec fracas, brûlant les meubles et trouant le toiî.

Le Loyer cite encore le fait d'une jeune Anglaise qui, allant voir son fiancé, une nuit de Pentecôte, rencontre « en la forêt de Wolmer, un démon en la forme de l'amoureux, qui l'accoste et jouyt d'elle. A la suite de quoy elle tombe malade. Cette maladie elle pense luy avoir été causée par l'amoureux, qui se justifie et montre qu'il étoit impossible qu'il fust en la forest en la même heure dont elle se plaignoit et par là fut la vérité du démon incube découverte. Cela rengrégea encore la maladie de la femme et advint cette merveille : la maison où gisait la femme fut tellement remplie de puanteur que personne n'y pouvait durer, et trois jours après mourut, ayant les lèvres fort livides, le ventre noir et enflée par tout le corps. A toute peine huict hommes la portèrent en terre tant elle pesoit. »

Guyon, dans ses « Diverses leçons », écrit :

« Nous avons veu deux femmes du bourg de Chambaret, à scavoir la mère et la fille qui disoyent et affirmoient le diable avoir eu affaire avec elles par force visiblement et par violence, et leur ventre s'enfla grandement, et les touchay et visitay, et les trouvay telles ; l'on les tenoit pour insensées de tenir telles paroles. Elles changèrent de lieux, s'en allèrent caymandant ailleurs et depuis j'ay entendu dire qu'elles n'estoyent plus grosses et qu'elles furent deschargées par beaucoup de fumées et ventositez qui sortirent de leurs corps ; l'on m'a dit qu'elles étoient encore en vie. »

Guyon cite encore ce cas :

« Ruoffe, en son livre de « la Conception et génération humaine », tesmoigne que de son temps une paillarde eut affaire à un esprit malin par une nuict, ayant forme d'homme, et que soudain après le ventre luy enfla et que, pensant estre grosse, elle tomba en une si étrange maladie que toutes ses entrailles tombèrent, sans que par aucun artifice des médecins, elle peust estre guérie. »

On voit combien cette question des commerces démoniaques a préoccupé les auteurs puisque les plus extraordinaires controverses se sont engagées jusqu'au XVIe et au XVIIe siècle. Nous verrons plus loin comment la science contemporaine interprète ces anomalies ; nous apprendrons que l'incubat peut être reproduit scientifiquement ; la possession pour être fluidique n'en est pas moins réelle : elle est exercée non par le démon, mais par un être humain qui agit par l'intermédiaire de son corps astral sans autres armes que sa volonté.

CHAPITRE V

—

Les épouses de Satan :
Sorcières, possédées et satanes

—

Les sorcières : leur pouvoir fatal ; à quoi on les recon-
naissait. — Les baisers de Satan. — Le succubat
et ses voluptés : le viol fluidique. — Les démones
parmi les hommes. — Une satane légendaire. —
Les quatre formes de la possession démoniaque.
— Les possédées célèbres et les grands procès de
sorcellerie : la belle Eléonora Cobham. — Visions
de sabbat ; le rut de la grande orgie satanique.

—

Toutes les femmes qui appartenaient à Satan de
gré ou de force n'éprouvaient pas une égale répulsion ; ces monstrueux enlacements loin de les rebu-
ter en attiraient plus d'une, prise par un vertige
éperdu de l'abîme.

La sorcière était vouée par sa naissance au sacerdoce infernal qu'elle exerçait : « Il n'y eut oncques
parfait sorcier et enchanteur, écrit Sylvestre Prierias, qui ne fust engendré du père et de la fille ou
de la mère et du fils. » Il était de règle qu'une sorcière fût le produit d'un inceste ; elle n'était que plus
puissante si son père était un prêtre, car au crime
s'ajoutait un sacrilège. L'inceste sous toutes ses formes était cher à Satan, toutes ces unions coupables
et honteuses étaient en honneur au Sabbat, parce
qu'elles préparaient des générations de sorciers ; et
toutes ces étreintes infâmes, qui entretenaient l'armée
du Maudit s'accomplissaient à la faveur d'ébats si
lubriques que l'imagination la plus pervertie ne
saurait les concevoir.

L'enfant prédestinée grandissait dans un antre où elle apprenait à connaître le vol et le cri des éperviers, des corbeaux et des hiboux, à préparer les philtres et les maléfices, en observant les influences lunaires et planétaires, et devenait experte dans l'art funeste de Locuste et de Médée.

Enfin, elle était consacrée par la meurtrissure du baiser brûlant et glacé qui souillait sa virginité, par une nuit tragique, dans une lande morne, emplie de hurlements démoniaques et peuplée de fantômes déments. Mais souvent sa mère la vouait à Satan avant qu'elle fût pubère, et il est assez piquant de constater que Satan, différant en cela de nos vieux messieurs, respectait l'enfant jusqu'à ce qu'elle fût devenue femme. De Lancre l'affirme, en conformité avec les autres démonographes :

« Sur quoy est remarquable ce que dict Bodin que les diables ne font paction expresse avec les enfants qui leur sont vouez, s'ils n'ont atteint l'âge de puberté et dict que Jeanne Hervilller déposa que sa mère qui l'avait dédiée à Satan si tost qu'elle fut née ne fut jamais désirée par Satan, ny ne s'accoupla avec luy, qu'elle n'eust atteint l'aage de douze ans. Et Magdeleine de la Croix, abbesse de Cordoue en Espagne, dict de même que Satan n'eut connaisance d'elle qu'à ce même aage. »

Cette dernière en 1545 s'en confessa au pape Paul III, avouant qu'elle avait entretenu pendant trente ans ce commerce démoniaque avec un malin esprit « en la forme d'un Maure noir. »

Dès qu'elles avaient été possédées par le démon, les sorcières gardaient l'empreinte dont il les marquait. La peau de leur corps entier restait froide en toute saison, sans qu'elles pussent jamais se réchauffer ; en les frôlant on ne pouvait s'empêcher de frissonner, car on éprouvait une sensation de malaise à ce contact glacé qui faisait songer à l'attouchement d'un reptile ou d'un cadavre. Du baiser satanique il leur restait une odeur de soufre, qui tantôt empoisonnait leur haleine, tantôt s'exhalait de leur corps damné. En outre elles ne pouvaient pas pleurer; eussent-elles connu tous les désespoirs, toutes les détresses, leurs yeux, où passaient des lueurs angoissantes et des reflets désolés, demeuraient immuablement secs; elles étaient privées du don apaisant des larmes, et la constatation de cette impossibilité suffisait à l'Inquisition comme preuve de magie.

Enfin tous les suppôts de l'Enfer étaient marqués de stigmates qui leur permettaient de se reconnaître entre eux jusqu'au jour où ils leur valaient le bûcher. Lorsque la sorcière était initiée par Satan, le Bouc-Puant laissait des traces indélébiles partout où il touchait la chair nue, au front, où le Malin effaçait du pouce la croix du baptême, et sur les diverses parties du corps que rencontraient ses doigts frémissants d'une luxure impatiente et honteuse. Ces marques, *stigma diaboli*, n'étaient visibles que pour les sorciers ; elles leur offraient la forme d'un lièvre ou d'un pied fourchu, le plus souvent celle d'une patte ou d'un corps de crapaud, d'un serpent, d'un basilic ou d'un autre animal immonde ; en général elles s'observaient chez les hommes sur les paupières, les lèvres, l'épaule droite, les fesses ; chez les femmes sous l'aisselle, sur les cuisses, les reins ou le bas-ventre ; elles pouvaient être au nombre d'une trentaine (comme sur le corps de Louis Gaufridy) et consister aussi en une anomalie du regard : deux yeux barrés ou avec des prunelles doubles, ou bien un œil ayant deux prunelles tandis que l'autre montrait le reflet d'une tête de cheval. Crespet et Jacques Fontaine s'étendent longuement sur ces

Avant le Sabbat (d'après Téniers).

signes. La première opération du Sabbat c'était la vérification des stigmates, par laquelle le démon s'assurait que tous ceux qui se rendaient à son appel étaient siens, c'est-à-dire prêts à tontes les turpitudes, à tous les crimes, et surtout à ce que les théologiens appelaient le vice *sur-contre-nature*.

Mais ces marques invisibles n'échappaient pas à l'investigation des inquisiteurs ; c'est qu'ils constituaient des zones d'insensibilité ; on pouvait enfoncer des aiguilles «jusques à trois doigts de travers», sans que la patiente éprouvât la moindre souffrance, ni qu'il jaillit une seule gontte de sang.

Les juges soumettaient donc les sorcières à des tortures pour découvrir ces points insensibles et quand ils en rencontraient ils concluaient à un commerce démoniaque ; la science n'avait pas encore appris aux inquisiteurs que notre sensibilité n'est pas répartie d'une façon uniforme sur notre corps, que ces variations s'observent avec de plus grands écarts chez les femmes très nerveuses et que les hystériques présentent à côté de zônes d'hyperesthésie, des zônes où l'anesthésie est complète.

Beaucoup de femmes ont exercé la sorcellerie et plus encore ont été accusées et brûlées sous ce prétexte. L'Eglise avait toujours tenu la femme à l'écart, aussi devint-elle prêtresse du diable sous les noms de sorcière, de stryge, de magicienne ou de lamie. Certaines passaient pour être des démones à forme féminine et l'on en cite plusieurs qui cohabitèrent avec des sorciers : la démone *Lisalda*, la démone *Armellina*, concubine du prêtre Bénédictus.

Quant à leurs principaux attributs, ils étaient, outre ceux que nous avons déjà mentionnés au début de ce chapitre, les envoûtements de haine et d'amour, les sorts de toute nature, le mauvais œil (ce qui explique pourquoi on les jugeait le dos tourné), toutes choses que nous étudierons dans le chapitre des envoûteuses célèbres où nous verrons à l'œuvre quelques-unes des plus illustres. Il faut citer aussi leur pouvoir de se changer en chatte ou en quelque autre animal pour aller au sabbat et en revenir, faculté qu'elles partageaient avec les sorciers et les loups-garous, phénomènes qu'interprètent et reproduisent aujourd'hui les occultistes par la suggestion et le dédoublement de la personnalité. Le soin qu'on prenait, lorsqu'on les arrêtait, de ne pas leur laisser frapper la terre du pied pour s'enlever, indique qu'elles réalisaient parfois ces faits de lévitation familiers aux fakirs indous.

Les femmes et les filles que nous avons vues dans le chapitre précédent souillées par les monstrueuses étreintes de Satan n'étaient que des victimes pantelantes, prisonnières de sa lubricité, qui goûtaient malgré elles des joies infâmes, à la fois perverses et douloureuses ; celles que nous étudions maintenant, consentantes, enthousiastes, fanatiques, furent ses véritables épouses. Leur âme est un abîme d'insondables mystères, un cloaque purulent et sanglant où les secrets de l'occultisme voisinent avec les plus abjectes voluptés ! Qu'elles aient au début subi ou appelé le démon, elles lui appartiennent corps et âme, de tout leur corps froid et sulfureux, de toute leur âme damnée ; elles sont retenues à jamais par la lubricité dégradante de ses caresses et elles subiront, s'il le faut, le martyre par adoration pour l'amant immonde avec qui elles se vautrent dans une fange empestée.

Nous avons vu quels sentiments les proies des incubes éprouvaient pour leurs oppresseurs nocturnes : un mélange de souffrance et de terreur et par essus tout une singulière volupté.

L'accueil que trouvait Satan auprès de ses épouses
tait tout différent : elles s'habituaient vite à son
pproche et recherchaient ces infernales turpitudes
ont nul n'avait le secret en dehors de lui et de ses
ujets les plus privilégiés. Ce commerce, même
uand il était d'abord subi avec dégoût, finissait
ar se régulariser ; la lubricité allumée de la
emme y trouvait son compte ; elle s'abandonnait
ans révoltes à la domination du démon ; cette bi-
arre et honteuse servitude pouvait durer des
nnées.

La créature sortait alors de l'humanité, elle devenait une sorte de Démone, de Satane ; à tous ses
pouvoirs occultes, elle en ajoutait un autre dont
elle jouissait éperdument : le succubat. Lorsqu'elle
tenait le rôle de succube, l'homme pris dans les
filets de son infernale séduction ne savait plus s'il
était captivé et violenté par une mortelle ou par
un démon.

C'est une aventure de ce genre que rapporte
Goulart entre plusieurs autres et qui arriva en 1602
à un gentilhomme français. « Celui-ci, ayant été
accosté par une fille éplorée et échevelée contre des
voleurs qui avaient tué sa compagnie et avoient
voulu la violer. Tirant son espée, il prit la damoiselle en croupe et traversa la forêt sans rencontrer
personne. Il l'amena dans une hôtellerie... où elle
supplia son sauveur de la laisser coucher dans la
même chambre que lui. Il y consentit après quelques difficultés, et l'on dressa deux licts dans l'un
desquels il se coucha. Mais la damoiselle, environ
une heure après, se despouilla près de l'autre lict,
et comme feignant croire que le gentilhomme dor-
mist, commença à se descouvrir, à se contempler
en diverses parties. Le gentilhomme, picqué in-

fâme passion attisée par l'indigne regard d'un masque qui lui paraissoit et sembloit le plus beau qui jamais se fust présenté à ses yeux, se laissa gaigner par l'infame convoitise de son cœur alléché par les redoutables attraits d'un très cauteleux ennemi, mettant la reverence de Dieu et le salut de son âme en oubli, se leve de son lict, s'en va dans celui de la damoiselle qui le receut et passèrent la nuict ensemble. Le matin venu, le pôvre miserable retourne trouver sa couche, et y estant s'endort. La damoiselle se lève et disparoit sans saluer gentilhomme, hoste ni hostesse. »

Il ne devait plus la revoir qu'à une demi-lieue de la ville sous la forme d'un cavalier qui le chargea, puis releva sa visière « en lui déclairant en termes exprès qu'il avait eu la compagnie du diable, que resistance estoit vaine, qu'il ne pouvoit s'en desdire » et enfin disparut quand le gentilhomme invoqua le secours de Dieu. Il retourna précipitamment à l'hôtéllerie, se coucha, s'accusa devant témoins de ce commerce diabolique et mourut quelques jours après.

La plus illustre de toutes les démones qui vinrent promener parmi les humains leur irrésistible et funeste séduction n'est autre que cette *Mélusine* dont le souvenir se retrouve si fréquemment en France dans le nom d'une tour, d'une forêt, d'une rivière ou d'un hameau. Elle est plus satané que fée cette prestigieuse créature qui n'avait, pour exercer un pouvoir pareil à celui des sirènes, d'autres armes que son sourire enchanteur et ses yeux attirants et profonds. Tout homme captivé par elle s'abandonnait au charme infini de ses baisers lascifs ; il croyait s'élever en plein ciel tandis que les ailes membraneuses et crochues de la fée palpitaient autour de leurs corps enlacés. Malheur à lui si le baiser s'attardait, si la nuit les surprenait dans leurs étreintes. L'amoureux voyait le corps souple de l'amante se couvrir d'écailles, qui emprisonnaient dans une cuirasse miroitante les seins orgueilleux et la taille élancée !

Il se reculait en frissonnant, les deux mains aux tempes, et découvrait avec stupeur que les hanches élégantes et les jambes sveltes avaient disparu; il ne restait plus de Mélusine que la tête et la poitrine ; son corps merveilleux était maintenant remplacé par un long serpent, froid et luisant, qui se tordait en de multiples replis et se terminait par un dard fourchu. Il avait peur d'être glacé par ce contact gluant, étouffé dans ces anneaux enchevêtrés ; il sentait la main de la folie étreindre son crâne brûlant, et il demeurait là, haletant, les yeux hagards, près de la fenêtre par où venait de s'envoler ce dragon à tête de femme dont le vol lourd rayait le ciel laiteux.

Nous avons eu l'occasion de dire que le baiser des succubes laissait de l'inassouvissement ; il communiquait aussi à la proie humaine une fièvre persistante qui avait tous les caractères d'une chaleur infernale

« En ce pays de Lymosin, environ l'an 1580, dit Guyon dans ses « Diverses leçons » un gentilhomme cadet venant de la chasse du lièvre à soleil couchant, trouva en son chemin un esprit transformé en une belle femme, cuydant à la vérité qu'elle fust telle : estant alléché par elle à volupté, eut affaire à elle, se sentit saisi soudain d'une si grande chaleur par tout son corps que dans trois jours après il mourut, et persista de dire jusques à la mort que ceste chaleur provenoit de ceste copulation et ne resvoit nullement, et que soudain après l'acte venerien ceste femme s'evanoüit. »

Crespet rapporte encore l'histoire, empruntée à Boëtius, « d'un jeune adolescent, beau et élégant en perfection, lequel confessa devant son evesque qu'il avoit souvent eu la compagnie d'une jeune fille qui le venoit de nuict chatouiller en son lict, et le baisotait se supposant à luy, afin qu'il fust eschauffé pour faire l'œuvre charnel, sans que jamais il peut sçavoir qui elle estoit ou d'où elle venoit, car les portes et fenestres de sa chambre avoient toujours esté fermées, mais par le conseil des gens doctes il changea de demeure, et à force de prières, confessions, jeûnes et autres dévots exercices il fut délivré. »

P. de Lancre, dans son « Tableau de l'inconstance des mauvais anges », ne tarit pas en anecdoctes sur le succubat :

« François Pic de la Mirandole dict avoir cognu un homme de soixante-quinze ans, qui s'appeloit Benedetto Berna, lequel par l'espace de quarante ans eut accointance avec un esprit succube qu'il appelait *Hermeline* et la conduisoit et menoit quant et luy en forme humaine, en la place et partout et parloit avec elle : de manière que plusieurs l'oyant parler et ne voyant personne le tenoient pour fol. — Et un autre, nommé Pinet, en tint un l'espace de trente ans sous le nom de *Fiorina.* »

Mais, à l'encontre de ce qui se passe dans ces derniers exemples c'était la femme qui le plus souvent était hantée, possédée par le démon sans pouvoir s'arracher de ses griffes. La possession ! le mystérieux fléau qui domine tout le moyen âge ! qui a fait couler tant de sang ! qui a allumé tant de bûchers ! Au point où nous sommes parvenus dans cet exposé, nous pouvons l'étudier d'une façon précise, scientifique.

Nous savons dès maintenant ce que sont l'incubat et le succubat ; ils sont volontairement subis ou involontairement éprouvés, ils peuvent s'adresser aux morts ; enfin, aujourd'hui on a pu reproduire tous ces phénomènes : des expérimentateurs peuvent prendre le rôle actif ou infliger le rôle passif à un sujet ; et nous verrons dans le dernier chapitre de cet ouvrage qu'aujourd'hni encore il existe de perverses sataniques qui sont des ferventes du succubat et des mystiques sadiques qui demandent à l'incubat une épuisante volupté.

En résumé, qu'il s'agisse de l'incubat ou du succubat, quatre cas se présentent dans la possession magique.

1° Dans la *possession involontaire*, la victime, aussitôt qu'elle est couchée, (et avant qu'elle puisse s'endormir, ajoutent quelques auteurs), sent un être fluidique qui la couvre de caresses, adroites et troublantes, la possède et la laisse plus brisée qu'elle ne le serait après un commerce charnel.

Ce cas s'observe pour les cloîtrés et en général pour tous ceux dont la continence est excessive. Huysmans l'a décrit de main de maître en peignant le « viol des larves » ; c'est à cette forme de la possession magique que fait allusion cette strophe qui se chante à complies et qui dit :

« Procul recedant somnia
Et noctium phantasmata
Hostemque nostrum comprime
Ne polluantur corpora. »

2° La *possession des sorciers* était analogue, mais volontaire ; c'était le sorcier ou la sorcière qui évoquait Satan, l'androgyne ; leur conviction était telle qu'ils donnaient tous les signes extérieurs de la fornication réelle, et qu'ils pouvaient être de bonne foi en affirmant avoir eu des rapports avec lui.

3° La *possession des spirites* est également volontaire. Elle se produit chaque fois qu'une veuve inconsolable évoque son mari et échange avec lui des caresses. De vieilles filles sentimentales ont ainsi commerce amoureux avec les esprits de leurs poètes préférés, Musset ou Lamartine, et Marie-Ange a pu recevoir du Christ lui-même des baisers qui lui « produisaient dans la bouche des bonbons de la grosseur d'un pois », ainsi que l'a constaté un médecin de Béziers en 1863.

Des hommes aussi se mettront en rapport avec leurs femmes mortes depuis des années ; certains, ainsi que Gérard de Caudenberg, recevront de la sainte Vierge des caresses et des « baisers énergiques » qui, suivant l'expression de Caudenberg, « retentissent jusqu'au fond de la gorge. »

4° Enfin, il y a la *possession des magiciens* ; celle-ci est plus complexe : le magiste extériorise son corps astral pour aller violer celle qu'il veut posséder et donne à celle-ci la sensation du viol. Ces sorciers concentrent leur pensée sur la femme qu'ils convoitent en essayant de se mettre en rapport avec elle au moyen d'un fragment d'objet qui lui a appartenu et qu'elle a touché. Au moment où ils y arrivent, ils sont tombés en une sorte d'hypnose, et c'est un spasme véritable, violent et épuisant, qui les tire de cet état. Du reste, la femme qu'ils choisissent comme but de leurs pratiques peut-être impressionnée par elles, si elle est prédisposée par un tempérament exceptionnellement nerveux à sentir ces contacts qui, pour être fluidiques, n'en sont pas moins réels, qu'on les explique par un attouchement extérieur ou par une suggestion mentale donnant les réflexes correspondants. Dans les cas où la possession arrive à ce degré de perfection, elle n'est

C'est l'heure du sabbat... (Page 101)

plns seulement un onanisme cérébral, obtenu par autosuggestion.

De tout temps on a préconisé des recettes pour combattre ces emprises, généralement des fumigations ; l'Eglise a eu recours à l'exorcisme, de même que la magie ; et la science contemporaine s'adresse à l'hypnotisme.

L'incubat, considéré comme commerce démoniaque, est donc une forme de la possession ; s'il se produit après une évocation faite pour évoquer un mort, il devient du vampirisme.

Telle est la classification que l'on peut établir en interprétant le fatras d'exemples enregistrés par les auteurs anciens et en tenant compte des données de la science actuelle. Parmi les nombreux signes auxquels on reconnaissait la possession plusieurs sont sans signification aucune, mais beaucoup représentent des troubles nerveux parfaitement classés. C'est ainsi, notamment, que les extraordinaires contorsions des possédées ne sont autre chose que les convulsions des hystériques ; dans les minutieuses relations qui nous sont parvenues on trouve, entre autres désordres, cette contraction en arc de cercle qui est si caractéristique et qui fut définie et étudiée par Charcot à la Salpêtrière.

Tous ces phénomènes étranges, souvent dénaturés et grossis, mais explicables et susceptibles d'être reproduits dans des conditions déterminées, furent extrêmement fréquents ; les uns se passèrent dans le secret des cloîtres (nous révèlerons les plus curieux dans le chapitre « des Sataniques sous le voile »); les autres nous sont connus par les pièces des procès de sorcellerie.

Nous n'avons pas à nous occuper ici des grandes causes dont les héros furent des hommes ; mais les femmes ont largement apporté leur contribution à ces chroniques de feu et de sang.

Ce fut en Angleterre, vers 1439, le procès retentissant de la belle Eléonora Cobham, duchesse du
Glocester, qui avait épousé l'héritier présomptif
après avoir été la maîtresse de plusieurs seigneurs
et qui fut condamnée en même temps que Boling-
broke pour avoir voulu envoûter Henri VI.

En 1613, un grand procès de sorcellerie se déroula
à Lancastre : la sorcière *Elisabeth Sontham*, surnommée *Dembdike*, fut jugée avec dix-huit autres
sorcières ; deux démons femelles, *Fancy* et *Tib*
étaient également accusés, mais ne furent condamnés que par contumace. La justice anglaise admet-
tait que les sorcières ne pouvaient verser que trois
larmes et seulement de l'œil gauche.

En France et en Allemagne de pareils procès furent nombreux jusqu'au milieu du XVIIe siècle. A
Épinal, en 1632, le curé Cordet était convaincu d'a-
voir conduit au Sabbat la ribaude Cathelinotte, et
de l'avoir livrée à maître Persin, « homme grand et
noir, froid comme glace, habillé de rouge, assis sur
une chaise couverte de poils noirs et pinçant au
front ses néophytes pour renier Dieu et la Vierge.»

Le procès de Madeleine de la Palud, ceux des
Ursulines de Loudun, des Franciscaines de Louviers, des religieuses d'Ollioules nous offrent des
cas de possession bien caractérisés ; mais comme
ces scènes démoniaques ont eu pour cadre l'intérieur de couvents, nous renvoyons nos lecteurs au
chapitre « des Sataniques sous le voile ».

C'était au sabbat que se donnaient rendez-vous
les Sataniques d'une région. Parfois c'était une réu-
nion où se trouvaient seulement une douzaine de
femmes vicieuses et d'hommes débauchés, ainsi
qu'en fait foi, entre beaucoup d'autres, le fait sui-

vant rapporté par Bodin, et qui est extrait de l'interrogatoire des sorcières de Longwy et qui lui fut communiqué par le lieutenant général de Laon :

« Marguerite Bremont, femme de Noël de Lavatet, a dit que lundy dernier après avoir failli, elle fut avec Marion, sa mère, à une assemblée près le moulin Franquis de Longwy en un pré et avoit sa dite mère en ramon entre ses jambes, disant : (Je ne mettray point les mots), et soudain elles furent transportées toutes deux au lieu où elles trouvèrent Jean Robert, Jeanne Guillemin, Marie femme de Simon d'Agneau et Guillemette femme d'un nommé Legras, qui avaient chacun un ramon. Se trouvèrent aussi en ce lieu six diables, qui estoient en forme humaine, mais fort hideux à voir.

Que après la danse finie les diables se couchèrent avecque elles, et eurent leur compagnie, et l'un d'eux, qui l'avoit menée danser, la print et la baisa par deux fois et habita avec elle l'espace de plus d'une demie heure, mais délaissa aller sa semence bien froide. »

Le plus souvent le sabbat était une orgie monstrueuse qui avait quelque chose de grandiose à cause de son rut frénétique, de ses effroyables sacrilèges et de ses turpitudes inouïes.

Quand des souffles froids circulent, que les chats regardent passer des choses invisibles, que les flammes des foyers et des lampes vacillent et s'éteignent, les sorcières se préparent ; elles se dévêtent, s'oignent de l'onguent qui va leur permettre de s'enlever dans les airs et étalent leurs cheveux sur leurs épaules.

> C'est l'heure du sabbat ; et des forêts profondes
> Comme du sein des eaux, de la terre et du feu,
> Les sorciers, les maudits s'élancent, narguant Dieu,
> Vers les stupres impurs et les baisers immondes.

Des oiseaux de malheur gémissent dans les bois.
Les cheveux hérissés, l'œil hagard, la sorcière
S'élève avec la flamme et s'échappe des toits.
Le souffle du démon a passé sur la terre !

Pour mener au sabbat les fervents du Mauvais
Les monstres sont venus et les bêtes impures
Piaffent d'impatience à côté des balais ;
Prêtresses d'Astaroth, enfourchez vos montures ! ! !

Vous toutes que l'enfer conduit,
Dénouez vos cheveux pareils à des vipères,
Que le diable, en passant, vous prenne dans ses serres
Et vous emporte dans la nuit !

Levez-vous, sujets de Satan ;
Vous tous, sylphes, ondins, salamandres et gnomes,
Crapauds et basilics, démons, larves, fantômes,
Debout ! Le Sabbat vous attend ! ! ! (*)

Les sorcières sont aspirées par le courant d'air
des cheminées, empoignées par les cheveux, emportées par le bouc ou le balai qu'elles chevauchent et leur vol raie le ciel à toute vitesse, tandis que s'élèvent de partout un tumulte infernal et ces cris assourdissants :

— Har ! Har ! Sabbat ! Sabbat !

qui font dire au paysan apeuré :

— Voilà la *Haute-Chasse* qui passe !

Elles arrivent dans la lande sinistre où se tient le sabbat autour du bouc lubrique ; le désir enragé qui leur faisait trouver les heures trop lentes à venir, va maintenant les faire paraître trop rapides à s'enfuir.

Les épouses de Satan jettent le mot de passe :

Altri ! montrent leurs stigmates, embrassent le

(*) Roland Brévannes, les *Messes Noires*, 1er tableau, scène VII.

derrière du diable. Puis la messe satanique se déroule, parodie blasphématoire du culte divin ; les sacrements démoniaques sont reçus par les assistants. La reine du Sabbat, vierge livrée à la luxure du Maudit, est consacrée par l'effroyable baiser qui la souille et la meurtrit. Satan a bon goût ; il choisit comme victimes de ses étreintes incubiques des femmes jeunes et belles ; quant à l'hostie vivante qui lui est offerte et sur les reins de laquelle se dit la messe noire, elle est toujours étrangement belle, « douée de quelque beauté plus singulière que les aultres. »

On bénit les voults, on recueille des ingrédients pour des maléfices.

Puis le rut grandit, exaspéré par les mets bizarres du festin fraternel, par la ronde échevelée où l'on danse tout nu dos à dos ; enfin des ébats lubriques se déroulent bercés par la plainte monotone des crapauds ; et, jusqu'au chant du coq, des enlacements sans nom se consomment sur la terre qui suinte la Luxure et nargue le ciel par les soupirs déments qu'elle lui envoie.

Mais ces extraordinaires orgies auront des lendemains terribles ; les sorcières avoueront toutes les turpitudes du sabbat ; le sang s'échappera sous les instruments de torture et les flammes des bûchers ensanglanteront le ciel.

CHAPITRE VI

—

Les Sataniques de la Papauté

—

La revanche de la femme : le libertinage du clergé au moyen-âge. — Une mère et une fille sans pudeur. — Les papesses : Jeanne, Mathilde de Toscane et Jeanne de Naples. — Lucrèce Borgia : le bonheur dans le crime ; la veuve aux cinq maris, doublement incestueuse ; par le fer et par le poison. — Madame Olympe.

—

On pourrait presque considérer comme la première des Sataniques de l'Eglise, la douce *Marie-Madeleine*, celle qui fut éprise du Christ et qu'au moyen-âge toutes les femmes dissolues prirent pour patronne. Celles-ci vénéraient aussi Sainte-Marie l'Egyptienne ; pendant trois siècles, (jusqu'en 1660), on put voir dans les reliques de Saint-Germain-l'Auxerrois une verrière qui montrait la sainte sur un bateau, retroussant sa robe pour acquitter le péage, avec cette inscription : « Comment la sainte offrit son corps au batelier pour son passage.»

L'Eglise avait chassé la femme de son sein ; tout d'abord elle lui refusa le sacerdoce auquel elle avait accès dans les temples païens et remplaça par de chastes images les statues des déesses antiques ; puis elle établit le célibat des prêtres et isola les sexes dans les monastères ; les « Evêchesses » disparurent. « Les conciles et les synodes, comme dit Saint Jérome, savaient que la puissance du Diable est

Arrivée au Sabbat (d'après Téniers)

cachée dans les reins ; ils s'efforçaient d'éloigner la femme des yeux et de la pensée de l'homme, ils ils avaient compris que les femmes légitimes des évêques et des prêtres, acceptées par la primitive Église n'étaient que des occasions de péché. »

Mais la femme prit sa revanche et revint sournoisement dans tous les lieux d'où elle avait été expulsée ; elle hanta les chapelles, les presbytères et les couvents, elle obséda les religieux et tous n'eurent pas contre ses assauts l'héroïsme de Saint-Antoine.

Aussi les scandales se multiplièrent-ils tant dans l'existence monastique que dans la vie du clergé séculier, et plusieurs fois les papes durent s'élever violemment contre eux. Les gens d'église n'avaient du reste nulle honte de leurs débauches et en permettaient complaisamment la reproduction dans les sculptures des églises ; c'est ainsi qu'on voit : des moines avec une apparence de chiens ou de pourceaux, ou avec des phallus soulevant leur bure, des nonnes qui forniquent avec des diables, des crapauds ou des têtes de chimères tenant la place des parties sexuelles, des singes qui poursuivent des religieuses nues et leur mordent les fesses.

Le document le plus complet qui existe sur les ravages exercés dans l'église par la femme, c'est un ouvrage de la fin du XVIe siècle qui a pour titre : « Le cabinet du roy de France » et qui emprunte des renseignements au manuscrit « la Polygamie sacrée. »

« Je soutiens, écrit l'auteur dans sa préface au roi, que de plus de quatre fois sept cent mille femmes polygamaient et concubinaient avec les mauvais prêtres et princes de l'Eglise... Il se trouve par le diocèse de l'archevêché de Lyon plus de 45 femmes mariées à d'honorables hommes de toutes qualités, abusées et qui paillardent épiscopalement avec vieux prélats ; nonobstant tels adultères, pieux prélats ont tenu et tiennent de belles garces et filles qui leur ont produit de beaux enfants... Dans cette liste ne figurent pas les « épaves épiscopales », je veux dire les filles, desquelles on a accoutumé de rafraîchir messieurs les prélats lorsqu'ils font leurs chevauchées dans leur diocèse... »

Les domestiques de ces prélats ont aussi des maîtresses et des bâtards : « 300 femmes mariées et toutes dénommées en la liste, se trouvent avoir paillardé avec ces domestiques, qui outre celles, entretenaient cinq cents garces ». A un personnel de 245 suffragants, vicaires officiaux et autres, l'auteur attribue « 58 bourgeoises honorablement mariées, 19 sodomistes, 14 bardacles, 39 vieilles chambrières valétudinaires, 17 maquerelles, et 20 filles chambrières et autres... 600 femmes mariées paillardent canonicalement avec 478 chanoines dont un seul en un an a débauché et eut à faire à neuf femmes bourgeoises, à sçavoir, deux femmes d'avocats, une de procureur, trois draprières, une femme de changeur, une couturière et une mercière. »

Chapelains, clercs, secrétaires et valets imitent ces exemples. Quant aux cardinaux ils ont des sérails de six maîtresses sans compter les femmes adultères :

« Autant d'oncques qu'il y a de cardinaux en cour, ce sont autant d'étalons pour les dames ; autant de cornes qu'il y en a à leurs bonnets autant de cornards font-ils la semaine... Comment le prouver? En ce que le plus souvent le ventre de Mademoiselle enfle et le ventre de la bourse cardinale désenfle ; les marchands mêmes, qui leur vendent des draps d'or et d'argent et de soye, sçavent aussi bien

pour qui sont telle estraine, car c'est eux qui les
font acheter. »

Mais laissons de côté ce menu fretin de Sataniques
pour nous occuper de celles qui ont souillé la robe
blanche des papes et dont les intrigues se sont agi-
tées autour de la tiare.

Vers 880, le Diable, pour faire le siège de la papauté, inciter à la débauche les pontifes suprêmes
et s'immiscer dans les affaires de l'Eglise, fit de la
patricienne romaine *Théodora*, la plus belle femme
de son siècle. Cette Théodora projeta d'établir sa
domination sur les familles pontificales et sur les
papes ; elle y parvint en offrant aux nobles les pre-
mices de sa beauté et en prostituant au pape Ser-
gius III l'une de ses filles, *Marozia*, dont la beauté
était plus éblouissante encore que la sienne. Elle
eut une seconde fille, *Théodora II* ; toutes trois
conquirent une puissance égale par des moyens
identiques ; elles accordaient leurs faveurs en
échange de châteaux ou de hautes influences ; elles
payaient comptant par le don de leurs corps magni-
fiques. De la couche où elles s'étaient prostituées
avec une soumission d'esclaves, elles se relevaient
toutes puissantes, imposaient leurs secrets désirs
au vainqueur d'un instant et s'en allaient emportant
un traité, une élection, une terre ou une armée.

Les chroniqueurs rapportent sans s'indigner leurs
débordements ; il faut en conclure qu'ils étaient
loin de constituer une exception ; nombre de femmes
en Italie suivirent l'exemple qu'elles donnaient, et
leur astucieuse impudicité eut de gigantesques conséquences politiques puisqu'elle amena l'absorption
des Barbares dans les vaincus, la régénération d'une
race usée et aveulie et que des ténèbres du Bas-Empire elle fit sortir le Moyen-âge et la Renaissance.

Sismondi admire l'incomparable séduction de ces femmes qui n'avaient pour triompher que les seules armes de leur splendeur charnelle :

« Aucun des beaux-arts ne venait à leur secours ; on ne nous dit pas que Marozia, pour captiver ses nombreux amants, les charmât par la danse, les enivrât par la musique ou éveillât leur imagination sur tout ce qui frappe les yeux par aucun des arts du dessin... La rudesse des mœurs ne permettait point la coquetterie moderne ou l'art que possédent les femmes de faire tout espérer, de tout promettre sans rien accorder. Marozia captivait les hommes qu'elle voulait employer et qu'elle savait asservir par un abandon plus entier.

» Nous n'avons pas de portraits de ces Circé du Moyen-âge ; ces beaux visages, ces beaux corps qui ont enivré des générations mortes se sont évanouis pour toujours au sein de la nuit profonde des temps barbares. Il faut, d'après Mary Lafon, se représenter Théodora et sa fille Marozia « comme un de ces admirables types de l'aristocratie romaine qui, par la pureté des traits, l'élégante noblesse des formes et la richesse sensuelle de l'organisme donnaient l'idée de la beauté antique telle que l'ont fièrement modelée les artistes des Césars. Qu'on se figure cette femme, la plus belle de son siècle, trônant dans les salles splendides encore avec leurs murs incrustés de marbre et leurs parquets en mosaïque des Thermes Alexandrins, ou traversant, comme la Flore du Capitole, le bosquet des Platanes. Les chefs des factions qui déchiraient Rome et l'Eglise tombent à ses pieds, elle en profite pour les désarmer tous. »

Le plus grand scandale qu'ait machiné le Diable dans l'histoire de la papauté c'est l'aventure de la papesse Jeanne, s'il faut en croire les chroniqueurs qui, d'ailleurs, ne s'accordent pas sur les dates et la font vivre tantôt au IX⁰ siècle, tantôt au XIᵉ ou au commencement du XIIᵉ.

Le plus généralement on la reconnaît dans la personne du pape Jean VIII. C'était une Allemande née à Mayence, qui vint à Athènes avec son amant et y étudia sous les habits de moine ; restée seule elle vint à Rome, intrigua et se fit élire pape en 855 à la mort de Léon IV. Elle garda bien son secret jusqu'au jour où elle s'éprit d'un cardinal ; l'amour lui fit trahir son sexe. Elle fut la maîtresse du cardinal et eut de lui un enfant dont elle accoucha pendant une cérémonie publique ; elle avait régné deux ans et demi.

L'Eglise a repoussé énergiquement cette fable et pourtant elle a conservé une coutume qui en semble bien la conséquence ; chaque fois qu'un nouveau pape était proclamé, il prenait place sur une chaise percée (perforata) ; un cardinal mettait la tête en dessous pour vérifier le sexe du nouvel élu et l'élection était définitive lorsque le cardinal avait jeté ces mots : « Nobis dominus est ! Testiculos habet : dignus est papali corona. »

Peut-être ne faut-il voir dans l'histoire de la papesse Jeanne qu'une légende symbolisant la mainmise de Théodora et de Marozia sur le pouvoir des papes.

Laissons de côté la comtesse *Mathilde de Toscane*, courtisane servile de l'église sans caractère et sans envergure, pour ébaucher la silhouette d'une reine impudique et criminelle qu'un pape absolva solennellement du meurtre de son mari.

En 1333, le roi de Naples, Robert, avait fait épouser sa petite fille *Jeanne* à son cousin André, fils de Louis d'Anjou, roi de Hongrie. Cette princesse qui, élevée dans une cour dissolue, avait été séduite toute jeune, détestait son mari et adorait un autre cousin Louis de Tarente. En 1343, proclamée reine de Naples, elle ne cacha plus son aversion pour André et deux ans après, résolut de le faire disparaître pour mettre fin à l'agitation entretenue par ses partisans. Une femme, Philippine la Catanaise et un bâtard du roi Robert, le comte d'Artusio, s'occupèrent de recruter des assassins.

Jeanne feignit de regretter sa conduite et d'éprouver une tardive tendresse pour son mari. Elle l'invita, pour sceller leur réconciliation, à la rejoindre au couvent des Célestins, près d'Aversa, dans la campagne napolitaine. André accourt, il l'étreint éperdument tandis qu'elle répond à ces caresses enfièvrées par des baisers menteurs. Ils sont encore aux bras l'un de l'autre qu'un camérier du couvent frappe à la porte et annonce que des messagers arrivent de Naples porteurs de nouvelles importantes. André s'habille en hâte ; il a à peine franchi le seuil de la chambre qu'il est frappé d'un coup de poignard ; il tombe, on pousse le corps vers la fenêtre et on le jette dans le jardin où d'autres spadassins l'achèvent. Jeanne, en spectatrice curieuse, contemple ce tragique guet-apens. Elle fait étendre le cadavre dans un cercueil qui est ramené à Naples en grand apparat, au son des psaumes et dans la lumière des cierges. Elle-même suit le cortège funèbre, les cheveux épars, les yeux noyés de larmes, et elle donne au peuple le spectacle poignant d'une belle veuve éplorée.

Mais bientôt le bruit d'un meurtre se répand, on commence à accuser sourdement la reine. Alors elle condamne à mort les asssasins, ses complices, ceux qui savent et qui pourraient parler... Mais son calcul est déjoué : à l'heure du supplice, ils crient la vérité ; Philippine la Catanaise, surtout, charge sa souveraine ; les bourreaux, sur l'ordre de la reine, se hâtent de les baillonner avant de faire tomber les têtes.

L'année d'après, elle épousait Louis de Tarente ; mais Louis d'Anjou, frère aîné d'André envahit ses états pour venger le meurtre de son frère ; Jeanne passa en Provence et paya d'audace. Elle se présenta à la cour pontificale parée de ses plus beaux bijoux et de ses plus somptueux brocards, séduisante et radieuse. Elle reconnut qu'elle n'avait nulle sympathie pour son mari et que ceux qui l'avaient frappé avaient pu s'en autoriser ; mais elle nia avoir été l'instigatrice du crime et le mit sur le compte de maléfices lancés par les ennemis d'André, usa d'une persuasion si diabolique que le pape Clément VI proclama son innocence et mit fin aux hostilités dirigées contre elle ; il reçut en échange de ce service la souveraineté d'Avignon.

Rentrée dans ses états, elle reprit son existence dépravée, épousa encore deux maris. Le dernier, le prince Othon de Brunswick, fut vaincu et fait prisonnier par Charles de Duras que le nouveau pape Urbain VI venait de couronner roi de Naples; Jeanne de Sicile tomba aux mains du vainqueur. Pendant sa captivité, une flotte, venant de son comté de Provence, parut dans le golfe; elle demanda à Charles de Duras l'autorisation de la recevoir; il y consentit, pensant qu'elle allait lui ordonner de se soumettre au nouveau souverain. Mais la reine captive, relevant la tête, s'écria d'une voix forte en s'adressant à ses marins :

— Je vous enjoins de considérer et de traiter Charles de Duras comme un bandit et de prêter serment de fidélité à Louis d'Anjou, qui est le véritable roi de Naples.

Cette inutile mais courageuse bravade, valut à la reine son internement dans le château de Muro, au fond de la Basilicate. Comme Louis d'Anjou s'avançait à la tête d'une armée, Duras la fit étouffer sous un lit de plumes (1382).

Lucrèce Borgia est le produit le plus monstrueux de cette famille infernale où les pères, les mères, les frères, les sœurs se prostituaient les uns aux autres dans le même lit. Sans doute elle manqua d'initiative et de personnalité et ne fut qu'un jouet, entre les mains rusées et violentes de son père et de son frère, qui étaient doués de caractères indomptables, mais elle donna l'exemple d'une perversité sans égale même aux époques les plus troublées de l'histoire. Elle eut en partage un bonheur immuable et serein dans le crime ; son existence forma une suite d'idylles voluptueuses et sanglantes ; ce fut dans les orgies qu'elle se consola de la mort de ses maris, en mémoire desquels il coula plus de vin que de larmes.

Les chroniqueurs du temps ont vanté son esprit cultivé ; Titien et le Guerchin ont reproduit ses traits sur la toile. Elle tenait de l'origine espagnole de sa famille une certaine dureté dans le visage, mais aussi une impressionnante et merveilleuse beauté, des yeux superbes, grands, passionnés, éclairés d'une flamme dévorante qu'on ne pouvait regarder sans être troublé ; ses cheveux abondants, son front vaste, un peu fuyant, sa bouche sensuelle, bien dessinée, complétaient un ensemble qui forçait l'admiration ; son cou, solidement attaché sur des épaules robustes, rappelait cette encolure de taureau qui caractérisait les Borgia.

Lucrèce était fille du cardinal Roderic Borgia, qui succéda à Innocent VIII sous le nom d'Alexandre

Les concours de débauche. (Page 118)

JULIA FARNÈSE   LE PAPE ALEXANDRE VI   LUCRÈCE   CÉSAR BORGIA

VI ; elle fut dès lors aussi puissante, aussi adulée qu'une reine ou une papesse ; elle eut la cour de la première, l'influence de la seconde et mena le train des deux ; elle satisfit son goût pour la toilette, qui était très vif, en étalant des costumes extravagants et en se chargeant d'innombrables bijoux. Elle ne se montrait que vêtue de robes de brocart blanc avec des manches bouffantes et des broderies d'or, parée de pierres précieuses qui brillaient à son cou, à ses doigts, dans ses cheveux, à ses oreilles et à ses chaînes d'or ; elle affichait une liberté d'allure et de langage qui atteignait l'indécence ; elle pénétrait au gré de son caprice dans le palais de Latran, disposait des grâces, des indulgences et même des foudres pontificales et suppléait le pape absent en présidant les conseils des cardinaux et en recevant les ambassadeurs. On l'a nommée le plus beau joyau de la tiare papale ; elle appartenait tout entière, corps, âme et intelligence à son père et à ses frères. Alexandre VI avait eu de sa maîtresse Rosa Vanozza de Cattaneï cinq bâtards qu'il aimait follement, dont l'aîné Jean fut duc de Gandia et général de l'Eglise et dont le cadet, César, devint cardinal, archevêque et duc de Valentinois. Lucrèce après avoir supporté les exigences de leur lubricité, accepta avec docilité, avec joie même, les époux qu'ils mirent successivement dans son lit, comprenant les calculs politiques qui dictaient ces choix éphémères.

Elle avait d'abord été la femme d'un pauvre gentilhomme espagnol qui s'estima heureux de voir son mariage annulé par le pape et de toucher une compensation de 3000 ducats. Alors en 493, Alexandre donna Jean Sforza pour mari à sa fille, âgée de treize ans à peine. Lucrèce n'en continua pas moins d'octroyer ses faveurs à ses frères, et César, jaloux de l'aîné qu'elle accueillait plus souvent et plus tendrement que les autres, le fit une belle nuit poignarder et jeter dans le Tibre, dont les eaux charriaient souvent des cadavres sanglants. Vanozza empêcha Alexandre de rechercher l'assassin et l'on assista à ce spectacle scandaleux : le père, le frère, la mère et la sœur du mort banquetant joyeusement en public.

Les fêtes étaient d'ailleurs ininterrompues. César Borgia, qui avait négocié l'alliance de Charles VIII, rentra à Rome après la prise de Capoue par les Français qui l'avaient mise à sac, égorgeant les hommes et violant les femmes ; César ramenait avec lui quarante belles femmes faites prisonnières pendant le pillage ; il garda les plus voluptueuses pour son sérail et vendit les autres aux enchères publiques.

Alexandre poursuivait toujours son rêve d'une domination européenne avec l'Italie unifiée comme centre et la dynastie des Borgia sur le trône de Saint-Pierre. Il prononça le divorce de Lucrèce avec Sforza pour faire épouser à sa fille Alphonse d'Aragon. Dans l'intervalle Lucrèce avait eu un bâtard qu'une première bulle reconnut être le fils d'Alexandre et une seconde le fils de César.

Alphonse d'Aragon ne tarda pas à gêner le pape qui machinait un système d'alliance avec la puissante maison de Ferrare. Les moyens ne manquaient pas pour se débarrasser de lui : tous les spadassins de Rome étaient aux gages de César Borgia et reconnaissaient pour chef le superbe aventurier à barbe fauve ; en outre on conservait dans la famille Borgia le secret d'un poison sûr, la candarelle (qui était de l'acide arsénieux) ; il avait l'apparence d'une poudre blanche qu'on mêlait au sucre des pâtisseries ou qu'on versait dans le vin pour en faire ce « vin rare » qu'offraient les amphitryons avec un perfide sourire. Ces moyens étaient employés tour à tour ; pour **Alphonse d'Aragon** ce fut le fer que l'on choisit.

Alexandre VI le fit venir à Rome pour mettre fin à une brouille récente entre les deux époux ; on donna en son honneur des réjouissances de toutes sortes, cavalcades, courses de taureaux ; un soir, dans l'escalier de Saint-Pierre, les sicaires de César Borgia le frappèrent de tant de coups de dague et de hallebarde qu'ils le laissèrent pour mort sur la dernière marche. César accusa de ce meurtre un oncle maternel de la victime qu'il fit arrêter et exécuter pour se couvrir. Cependant Alphonse avait échappé à la mort, il reprenait ses forces et l'on pouvait craindre qu'il ne désignât les vrais coupables. Alors, le 17 août 1500, César pénétra dans la chambre qu'occupaient les jeunes époux ; il fit sortir Lucrèce et sa belle sœur et, aussitôt que la porte se fût refermée sur les deux femmes, il appela un de ses amis, don Michel, et deux autres sicaires, qui étranglèrent le convalescent sur son lit.

Lucrèce Borgia se trouvait libre d'épouser Alphonse d'Este, duc de Ferrare, que le pape lui destinait comme cinquième mari.

On célébra magnifiquement les funérailles de celui que César venait de tuer deux fois ; presque aussitôt après le canon tonna au château Saint-Ange pour annoncer les nouvelles fiançailles de Lucrèce qui ne furent pas moins brillantes. Les crimes des Borgia n'étonnaient plus personne et nul ne s'indigna en voyant la jeune veuve parader en habits de fête, entourée de patriciennes, de gentilshommes, de prélats qui chevauchaient des mules ferrées d'or, et pousser le cynisme jusqu'à adresser des actions de grâce à Notre-Dame-du-Peuple, insultant une tombe à peine fermée. Par une cinglante ironie, on pendait, sur le passage du cortège, une femme qui avait frappé son mari dans un accès de jalousie, et on conduisait au bûcher, traînés sur une claie, une courtisane et un Maure ; celui-ci n'avait commis d'autre crime que de dissimuler son sexe sous un déguisement de femme pour approcher une courtisane chrétienne ; et cette dernière était accusée de s'être laissé toucher par l'amour de l'infidèle, qu'on surnommait la Barbaresque Espagnole.

Un an après se célébrait, au milieu d'un faste inouï, le mariage d'Alphonse d'Este avec Lucrèce qui venait d'entrer dans sa vingt-deuxième année et qui était dans tout l'éclat de sa beauté.

Pendant de longs jours les fêtes succédèrent aux fêtes ; on ne vit dans la ville des papes que courses de taureaux et mascarades, bals et comédies, courses de bagues pour les dames. Des banquets en plein air furent offerts au peuple, tandis que les seigneurs et les cardinaux festoyaient en compagnie du pape. Ces repas prirent vite des allures d'orgies : les convives des deux sexes s'y mettaient tout nus, et, les libations aidant, se livraient à d'incroyables débauches ; pour s'en faire une idée il faut lire le chroniqueur Burchard, camérier et maître des cérémonies d'Alexandre VI, qui dut avoir recours au latin pour les décrire et pour exprimer son indignation. Tous les sens étaient fouettés par la luxure et comme les vins les plus généreux eussent été insuffisants pour rendre ces orgies véritablement démoniaques, des concours de débauche venaient exaspérer les folies de la chair. C'était le pape Alexandre VI, bon connaisseur en la matière, qui se chargeait de couronner les triomphateurs de ces lubriques tournois et leurs impudiques partenaires ; sa fille Lucrèce et son fils César l'assistaient dans cette tâche. La plus fougueuse des concurrentes, celle qui mérita le plus souvent la palme était Julia Farnèse, ou Giulia la Bella, une des maîtresses d'Alexandre VI, auquel elle donna un fils, Alexandre Farnèse, destiné à devenir le pape Paul III.

Ce libertinage éhonté était d'ailleurs habituel aux familiers de Lucrèce qu'inspirait son esprit satanique de fille incestueuse, d'épouse adultère et criminelle. Son père se complaisait à contempler les tableaux licencieux qu'il avait fait peindre sur les murs du Vatican et qui retraçaient les scènes les plus emportées de son existence déréglée ; dans une des chambres du palais, il avait voulu être représenté en roi mage aux genoux d'une Sainte-Vierge qui avait les traits de la belle Julie Farnèse.

Ces débauches insensées étaient connues des contemporains. Il circula à Rome au commencement du XVI⁰ siècle une lettre anonyme adressée à Silvius Savelli, qui donnait de suggestifs détails sur les orgies de la papauté pervertie par cette Satanique qui portait le même nom que la plus vertueuse des Romaines antiques :

« Pour la Toussaint le pape a donné dans son palais un repas à cinquante courtisanes choisies dans toute la ville ; et afin que rien ne manquât pour autoriser le crime et la lubricité, les jours suivants, en présence du pape et de ses enfants on fit dans un cirque public courir sur une cavale plusieurs chevaux entiers. »

Ce pape démoniaque ne se montrait qu'au milieu d'un troupeau de courtisanes, il ne songeait qu'à acquérir des états et des trésors pour ses enfants, et des bijoux précieux pour sa fille très chérie. Pour faire de l'argent il vendait tout, les charges, les bénédictions, les indulgences ; dès qu'un prélat avait payé la dignité qu'il venait d'acheter, il le faisait poignarder pour la vendre à nouveau.

Lucrèce, qui était bien de sa famille, aimait éprouver les émotions d'un guet-apens, assister à la tragédie d'un meurtre, suivre jour par jour, heure par heure les symptômes d'un empoisonnement par la candarelle. Elle quitta Rome au commencement de 1502 pour la cour de Ferrare, qu'elle déprava profondément mais qu'elle n'ensanglanta point, car César était resté à Rome. Elle protégea les savants et les lettrés, le cardinal Bembo et l'Arioste, s'éprit des poètes qui célébrèrent sa beauté, puis fit bâtir des couvents pour racheter ses péchés.

Elle devait jusqu'à la fin jouir d'un bonheur insolent, tandis que son père et son frère expièrent leurs innombrables crimes par une fin tragique.

César avait fait mettre de côté quelques bouteilles d'un « vin rare » préparé par lui et destiné aux convives d'un prochain festin. Le même jour, Alexandre rentrant en sueur, demanda à boire et invita son fils à l'imiter ; bientôt tous deux se roulèrent sur le tapis en proie à d'épouvantables convulsions ; le domestique, qui les avait servis en l'absence du sommelier leur avait précisément versé une bouteille du terrible « vin rare ». Ils éprouvèrent pendant une semaine les horribles tortures qu'ils avaient infligées à tant de victimes ; ils connaissaient leur mal, ses effroyables progrès, sa marche sûre, son issue fatale et inévitable. Alexandre VI mourut le huitième jour sans avoir revu ses enfants. César Borgia se débattit désespérément, ne voulant pas être dompté par ce poison qu'il avait manié ; il fit éventrer un taureau vivant et se plongea dans son corps pantelant, parmi les entrailles saignantes, encore chaudes. Il échappa à la mort, mais ce fut pour se faire tuer en 1507 au cours d'un combat.

Quant à Lucrèce, elle mourut en 1519, à trente-

JEANNE DE^t NAPLES. (d'après des portraits du temps). ELISABETH D'ANGLETERRE

neuf ans, sans avoir vu décliner la triomphante beauté pour laquelle cinq maris avaient risqué le poison des Borgia. Elle mérita cette épitaphe satyrique qui rappelle qu'elle fut débauchée, doublement incestueuse et par suite la fille, la femme et la bru du pape :

> Hic jacet in tumulo Lucretia nomine, sed re
> Thaïs, Alexandri filia, sponsa, nurus.

La dernière Satanique qui s'immisça dans les affaires de la papauté fut cette *Donna Olimpia* qui gouverna l'Eglise pendant tout le pontificat d'Innocent X, de 1644 à 1655.

Donna Olimpia, qui avait épousé un gentilhomme romain Maidalchini Pamfili, s'éprit de son beau-frère Jean-Baptiste Pamfili et entretint avec lui des relations adultérines. Elle eut dans l'existence un double objectif : se débarrasser de son mari, qui était un obstacle et qui eut le bon goût de mourir, et faire de son amant un pape. Ce dernier, soutenu par elle, poussé par ses intrigues, conquit d'abord la robe rouge, puis la tiare ; il eut le nom d'Innocent X, mais ce fut madame Olympe qui eut le pouvoir. Elle en usa pour satisfaire une avarice effrénée, vendant les indulgences et les dispenses, mettant à l'encan les charges, les dignités et les bénéfices, spoliant les églises et les couvents, confisquant leurs trésors, enlevant les pierreries des vases et des ornements sacrés.

Innocent X ne vivait que pour les joies de la chair ; il était profondément débauché avec toutes les faiblesses, les goûts, le tour d'esprit et la frivolité des femmes. Il ne pouvait se passer de deux ou trois maîtresses ; la papesse lui en permettait une, mais demeurait sa favorite ; si elle ne prenait pas ombrage de cette rivale, la princesse de Bassano, c'est que les richesses de Clément VIII et de la famille Aldobrandino étaient venues entre ses mains par héritage et coulaient facilement de ses doigts aussi généreux que ceux de Donna Olympia étaient crochus.

La princesse prodiguait à la papesse cadeaux sur cadeaux, et ne lui ménageait pas les réflexions outrageantes ; madame Olympe acceptait les unes à cause des autres ; un soir que la belle-sœur du pape se plaignait amèrement d'avoir perdu au jeu, la princesse en s'en allant lui jeta d'un geste méprisant les trois cents doublons qu'elle avait gagnés.

La dernière papesse, incestueuse ainsi qu'il sied à une Satanique, fut l'incarnation de la plus répugnante avarice.

CHAPITRE VII

—

Les envoûteuses célèbres

—

—

Au moyen-âge on pouvait mépriser les sorcières, mais on était bien obligé de les craindre ; car elles recevaient par tradition des secrets redoutables et la puissance mise en elles par le Démon leur permettait d'en faire l'application. On leur attribuait alors les phénomènes dont on ne percevait pas clairement la cause déterminante, par exemple certaines maladies bizarres, la folie, la découverte fortuite des trésors, les passions exclusives et impétueuses, la jalousie tenace et sans motif, et même les orages, les chutes de grêle, les calamités qui s'abattaient sur les biens de la terre et les bestiaux. Quelques-unes de leurs pratiques sont parvenues jusqu'à nous et ne semblent pas près de disparaître ; certaines se sont même conservées dans des usages que nous observons machinalement sans nous douter de leur origine : telle est, par exemple, cette mode qui veut qu'on écrase sur son assiette la coquille de l'œuf qu'on vient de vider ; autrefois les œufs servaient aux sorcières pour y enfermer des sorts ; le soir elles rodaient aux abords de la maison et attendaient le moment de jeter par la porte entrouverte les coquilles qui se brisaient et laissaient échapper les maléfices ; d'où l'habitude d'écraser les coquilles vides pour priver les sorcières d'un ingrédient utile sinon indispensable ; et nous ne nous doutons pas que ce geste automatique est une mesure préventive contre les dangers occultes qui peuvent nous atteindre,

Il n'entre pas dans notre plan d'exposer toutes les recettes auxquelles avaient recours les sorcières, (un livre d'ailleurs y suffirait à peine) ; nous nous bornerons à ceux qui étaient d'un usage fréquent, les envoûtements de haine et d'amour ; du reste, aujourd'hui encore, il existe des femmes qui les préparent et beaucoup qui les emploient ; car ils s'adressent à deux sentiments qui sont éternels dans le cœur humain : le souci de se faire aimer ou de s'attacher plus étroitement l'être qu'on aime, et le désir de se débarrasser de ses ennemis, en particulier des rivaux ou des rivales qui font obstacle à une passion. Nous connaissons tous des femmes qui, au retour d'une visite chez la cartomancienne, enfoncent avec conviction des épingles dans des cœurs de veau. Il est bien évident qu'ici le cœur de veau est inutile et que, si le sortilège a un effet, il faut l'attribuer à l'influence d'une volonté énergique et obstinée qui — par hasard — a été maniée avec discernement et dirigée de façon efficace.

C'était aussi la volonté qui jouait le premier rôle dans les machinations occultes des sorcières ; tous les accessoires matériels, objets bizarres, animaux divers, ingrédients saugrenus, quand ils n'étaient pas complètement inutiles, constituaient ou bien une mise en scène nécessaire à leur prestige, ou bien un moyen de renforcer l'action de leur volonté.

Quand, par exemple, une sorcière chargeait de maléfices une gigantesque chauve-souris, de celles qu'on appelait des vampires, et que, le moment venu, elle l'envoyait frapper de maladie ou de mort la proie désignée, c'était sa force nerveuse qui allait agir à distance sur le corps astral de la victime.

L'influx nerveux n'empruntait nullement ce véhicule, mais celui-ci jouait pourtant dans l'opération un rôle d'adjuvant : tout le long du jour, la vue de l'animal rappelait à la sorcière l'œuvre néfaste qu'elle avait entreprise ; pas un instant elle ne l'oubliait, et cette concentration de la pensée en augmentait la puissance.

C'est un fait bien connu des occultistes que le pouvoir sans limites d'une volonté qui ne s'éparpille pas, qui se concentre, qui revient sans cesse et uniquement sur le même objet ; il se produit là un véritable entraînement et les ondes de l'influx nerveux acquièrent une intensité et une régularité croissantes, en conformité avec les lois de la répétition fixée par la psychologie physiologique. Quand la sorcière lancera le vampire, ainsi qu'une flèche vivante et empoisonnée, ses sortilèges funestes ne traverseront évidemment pas l'air sur les ailes membraneuses de l'animal ; mais sa volonté tendue prendra le même chemin, la projection nerveuse aura une direction bien déterminée, marquée par ce sillage aérien.

Enfin lorsque la sorcière ne pourra plus suivre des yeux le vol lourd du vampire, elle fera en pensée le trajet qui mène jusqu'à la victime, de façon à guider le funeste messager. Cette attention, cet effort auront pour conséquence de faciliter l'établissement d'un lien télépathique entre son fluide nerveux et le corps astral du maléficié, et l'action occulte s'exercera dans des conditions de précision, de sûreté, qui en augmenteront les chances de réussite.

Voilà comment on a pu et on peut encore envoûter ; la seule différence entre autrefois et aujour-
d'hui c'est que l'on sait mieux ce que l'on fait. L'at-
tirail est aussi beaucoup moins compliqué ; les chi-
mistes, les astronomes ont conservé les laboratoires
bizarres, les observatoires encombrés des alchimis-
tes et des astrologues, leurs prédécesseurs ; seule,
la sorcière moderne a simplifié les méthodes em-
ployées par ses devancières ; elle n'en est d'ailleurs
que plus redoutable ainsi que nous le verrons dans
les derniers chapitres de ce volume.

Au moyen-âge on usait d'une figurine de cire faite
à la ressemblance de la personne qu'on se proposait
d'atteindre ; c'était ce qu'on appelait « volt, voult,
vœu, manie ou dagyde ».

Le voult était consacré à Satan pendant une messe
noire ou au cours d'un sabbat, et cette origine té-
moigne une fois de plus du caractère satanique que
revêtait au moyen-âge tout ce qui ressortit aujour-
d'hui à diverses sciences plus ou moins occultes ;
on expliquait par l'intervention de Satan divers
phénomènes, dont certains sont appelés encore par
nous merveilleux, et qui étaient le résultat de forces
inconnues répandues tantôt dans l'univers sensible,
tantôt dans le domaine psychique. On baptisait la
statuette du nom de l'envoûté, dont on lui donnait
tous les prénoms, on lui administrait tout les sacrements qu'il avait reçus pour rendre plus complète
la ressemblance entre l'homme et la cire. Cela fait
on se procurait une touffe de cheveux, un fragment
d'ongle ou de peau, un morceau de vêtement pro-
venant de la victime et on les fixait sur la statuette.

Nous trouvons là quelque chose de plus que dans
les autres sortilèges ; les maléfices portés par des
animaux malfaisants, des substances déterminées
ou des larves soumises au pouvoir évocateur de la

magicienne, n'utilisaient qu'une projection de la volonté de nuire ; tandis que cette pratique n'est pas un vain symbole. Nos vêtements, nos objets familiers, surtout ceux qui sont en contact direct avec nous, demeurent imprégnés du fluide qui émane de nous ; il en est de même de tous les débris organiques (ongles, cheveux, cellules de l'épiderme) qui ont participé à la vie de notre corps (cela est si vrai que l'on constate la persistance d'une sorte de magnétisme même dans les os d'un squelette qui, brisés à l'infini, présentent toujours deux pôles distincts ; d'ailleurs les ongles et les cheveux ne poussent-ils pas encore après la mort ?)

Le fait de fixer ces parcelles sur le voult établit d'une façon matérielle une communication télépathique étroite entre lui et la victime ; c'est ce qui fait que l'envoûtement par la dagyde nous apparaît comme le plus parfait et le plus scientifique des sortilèges antiques.

La sorcière alors parachevait son maléfice en chargeant la statuette de toutes sortes de malédictions ; elle prononçait les formules des grimoires ; elle tenait compte des indications fournies par l'horoscope pour le choix des plantes, des pierres, des parfums, des invocations nuisibles à l'envoûté ainsi que pour les heures des diverses opérations magiques, toutes choses que déterminaient des considérations d'influences planétaires favorables ou néfastes.

Quant aux incantations, aux fumigations, aux cercles tracés, aux pas rituels et aux gestes d'exorcisme, il ne faudrait pas croire que c'étaient de vaines pratiques ; sans doute ceux qui les faisaient ne se rendaient pas compte de leur portée véritable et obéissaient aveuglément à une tradition ; mais la parole, la fixation du regard sont autant de moyens de soutenir l'attention, de concentrer la pensée, et par suite d'augmenter la sphère d'influence de ces ondes psychiques sur lesquelles notre volonté agit à notre insu ; il en est de même des parfums par leur action sur la substance nerveuse.

Tout concourait ainsi à tendre toutes les forces cérébrales de la magicienne et à soumettre l'envoûté à sa puissance. Alors il ne lui restait plus qu'à assouvir sa haine sur le voult pour en faire ressentir tous les effets à la victime. Les coups qu'on portait à la statuette étaient reçus par l'envoûté ; il se déclarait un dépérissement progressif, un état de langueur qui pouvait devenir extrêmement grave, inguérissable ; si l'envoûtement était bien fait on amenait la mort subite en jetant la figurine au feu ou on la transperçant d'un poignard à la place du cœur.

Le sortilège n'atteignait pas toujours à cette perfection, mais certains exemples ont été enregistrés par l'histoire avec de telles garanties d'authenticité qu'il n'est pas permis de les révoquer en doute.

Dans les cas de ce genre, la sorcière produisait une véritable extériorisation de la sensibilité qui se trouvait retenue par la cire, emmagasinée dans sa substance. Ce phénomène est parfaitement admis et connu depuis les retentissantes expériences du colonel de Rochas. Il parvenait à extérioriser complètement la sensibilité des sujets sur lesquels il opérait, à la fixer sur une substance pelucheuse, comme le velours, ou une matière grasse, beurre, cold cream, ou vaseline, qui fait penser à la cire des dagydes ; il reproduisait alors scientifiquement l'envoûtement du moyen-âge. Sa méthode l'a même amené à l'exécuter avec une précision toute mathématique ; la sensibilité extériorisée du sujet se trouvait fixée sur la couche sensible d'une plaque photographique, la photographie obtenue devenait ainsi un voult parfait ; si on frappait l'image ou si la piquait d'une épingle à la main, à l'épaule, à la jambe, on obtenait une ecchymose ou une égratignure apparentes à la main, à l'épaule ou à la jambe du sujet, en un point correspondant ; en perçant la photographie à la place du cœur on eût sans doute provoqué la mort.

L'envoûtement magique, qui n'était pas réalisé dans des conditions aussi scientifiques, n'était pas toujours aussi parfait. Quand il n'y avait pas extériorisation de la sensibilité du corps astral, si l'on préfère, il existait cependant une emprise occulte exercée par la sorcière sur la victime. Nul ne songe à nier aujourd'hui le dynamisme de l'idée ; autrement dit, toute pensée est une force en action, un mouvement ondulatoire comme ceux de toutes les forces du monde physique et qui se propage en occasionnant des réactions peu connues mais réelles. Un être qui veut très fortement la mort de quelqu'un arrive, en raison de ce dynamisme de l'idée, à influencer la santé de son ennemi, à condition, bien entendu, qu'il le veuille avec âpreté, persistance, et aussi que l'objet de ce maléfice — car c'en est un — se trouve dans certaines conditions de réceptivité (qui dépendent de sa force physique, de son état nerveux, de son ignorance de ce qui est tramé contre lui). Un envoûteur persévérant énergique, qui saurait concentrer sa volonté et qui aurait établi une communication psychique entre lui et son ennemi arriverait à déterminer une anémie et une neurasthénie réelles, des troubles nerveux profonds, des désordres graves, peut-être la mort.

Peu de gens aujourd'hui, parmi ceux qui en seraient capables, en auraient le loisir. Magiciennes et sorciers le pouvaient, le tentaient et souvent réussissaient.

5

Il n'y a qu'un remède : la résistance d'une volonté résolue, le rempart d'airain qu'elle peut opposer aux vagues dévastatrices de l'obsession meurtrière venue du large. Au moyen-âge on le savait bien, puisqu'on édictait, comme première condition de la réussite de toute opération magique, le secret absolu gardé sur l'entreprise. De là ce mystère dont s'entouraient les sorciers des deux sexes, l'isolement dans lequel ils vivaient, qui d'ailleurs était favorable à l'entraînement de leur volonté et qu'ils accroissaient par tous les moyens, superstition, manœuvres étranges, terreur inspirée par leurs pactes démoniaques.

Dès qu'il était prévenu, l'envoûté pouvait échapper au sortilège, s'il avait la force de s'opposer au mauvais sort en narguant les entreprises occultes. Le maléfice déchaîné devenait alors dangereux pour celui qui l'avait lancé, car il se produisait un véritable choc en retour ; c'était pour éviter ce péril qu'on avait imaginé l'envoûtement triangulaire, qui en cas d'échec le détournait sur une troisième personne choisie à l'avance.

On comprend la terreur que des Sataniques possédant de telles armes ont pu inspirer à leurs contemporains ; on s'explique les tortures de l'Inquisition et les bûchers dressés en permanence ; aujourd'hui ne voit-on pas encore les plus sceptiques saisis d'un trouble involontaire devant certaines manifestations des forces occultes qui résident en nous et sont l'attribut de notre essence même ?

C'est par un mécanisme analogue que s'interprète l'envoûtement d'amour au moyen des philtres et des divers sortilèges magiques ; sans doute, lorsque le philtre contenait un aphrodisiaque il y avait une action physique réelle mais c'était toujours la volonté qui intervenait pour une action psychique décisive. L'amour appelle l'amour, c'est le plus puissant des philtres connus.

Après cet exposé il n'est pas utile de s'appesantir sur les envoûteuses dont le nom a été conservé par l'histoire ; leurs pratiques ne varient qu'au point de vue de la forme et le récit ne serait qu'une suite de superstitions, le plus souvent baroques et ridicules ; celles-ci offriraient peu d'intérêt après les considérations ci-dessus qui en dégagent le sens véritable, en font ressortir le côté occulte attribué par nos pères à l'inspiration, à l'intervention de Satan.

D'ailleurs si l'on veut des noms de femmes évoquant les plus célèbres des innombrables envoûteuses du moyen-âge, il n'y qu'à feuilleter sa mémoire.

En 1315, *Alix des Monts* et la *dame de Cantleu,* femme et belle-sœur d'Enguerrand de Marigny, envoûtèrent le roi, ses frères et ses parents. La chronique de Saint-Denis rapporte qu'on trouva chez elles des charmes et des voults de cire : « Et les imaiges estoient labourées de telle manière que si elles eussent longuement duré les devants dits roi et comtes n'eussent faicts chaque jour que amenuiser desperir et sécher, mais par la voulonté de Dieu, cela fut sçeu et annoncé à Charles de Valois qui moult esbahi le raconta à son neveu. »

Les deux femmes, emprisonnées, n'échappèrent au bûcher que parce qu'elles assurèrent qu'elles avaient voulu seulement toucher la clémence du roi en faveur de l'ancien surintendant des finances et non le faire mourir.

En 1319, Marguerite de Belleville, magicienne réputée par son habileté d'envoûteuse « et qui estoit aussi charmeresse » envoûtait la reine Jeanne de Bourgogne de complicité avec cinq autres personnes.

Ces pratiques étaient d'un usage courant ; il n'est alors question que de personnes cherchant à en faire périr d'autres « tant par invocation et commerce d'ycelle, comme par aulcune pire défendue et vœux de cire. »

Dans tous les épisodes dramatiques du XVᵉ siècle, la folie de Charles VI, l'assassinat du duc d'Orléans et celui de Jean-sans-Peur, on trouve des machinations féminines et des manœuvres d'envoûtement. C'est à la même époque que la belle Eléonora Cobham lançait des maléfices contre la vie d'Henri VI, roi d'Angleterre.

Le début du XVIIᵉ siècle vit les enchantements et les sortilèges de cette Léonora Dori, dite Galigaï, sœur de lait de Marie de Médicis, qui, simple fille d'un menuisier et d'une blanchisseuse, réussit à devenir maréchale d'Ancre et finit par conduire au gré de ses caprices la reine de France ; au cours du procès en sorcellerie qui lui fut intenté après le meurtre de Concini, elle déclara que son charme n'était autre que l'influence d'une âme forte sur un esprit faible, ce qui ne l'empêcha pas de s'entendre condamner à être décapitée et brûlée en place de Grève.

La Voisin fut une envoûteuse d'une exceptionnelle envergure ; aussi mérite-t-elle qu'un chapitre lui soit consacré, à elle-même et à ses artistocratiques clientes.

La dernière condamnation pour faits de ce genre est tout près de nous ; elle concerne trois femmes du peuple, Claire Martin, Jeanne Guierne et Jeanne Cognette qui, en 1846, s'introduisirent nuitamment dans le cimetière Saint-Sulpice, pour exécuter un envoûtement contre un parent du mari défunt de Claire Martin ; elles furent surprises par le gardien du cimetière après avoir enfoui dans la tombe d'un charpentier, enterré quinze jours avant, un cœur plein de clous, de bouquets d'épingles et lardé en forme de croix. Elles s'étaient inspirées d'une des recettes du moyen-âge, qui étaient toutes compliquées et répugnantes toujours en vertu de ce principe que l'effort augmente tout naturellement l'efficacité de l'action.

L'un des maléfices qui furent le plus fréquemment employés dans les temps modernes jusqu'à la fin du XVII° siècle, c'est la ligature de l'aiguillette ; ce sortilège avait pour but d'annihiler tous les moyens du jeune marié pendant la nuit de ses noces ; il empruntait son nom aux aiguillettes qui fermaient par devant le haut-de-chausses ; on ne compte pas le nombre d'amoureuses dédaignées ou trahies qui ont eu recours à cette vengeance et qui s'en furent apprendre chez quelque sorcière un des innombrables secrets qui avaient une si pernicieuse influence sur la nuit de noces d'un ingrat et d'une rivale.

Ce charme rendait un homme impuissant non seulement ce soir-là mais encore les nuits suivantes tant que le maléfice n'avait pas été annulé.

Bodin indique le procédé suivant qui était d'un usage courant au seizième siècle :

Le sort se jetait pendant la cérémonie nuptiale ; on y assistait en ayant soin d'être porteur d'un lacet ; on faisait à celui-ci un premier nœud au moment où les époux échangeaient l'anneau ; un second nœud au moment où le prêtre unissait les les époux au nom de Dieu ; un troisième nœud devait être fait le soir, à l'heure où « les conjoints sont sous le drap ».

Les auteurs anciens nous ont bien laissé cinquante

procédés différents. L'un d'eux prescrit de placer ses deux mains devant soi, repliées sur les poignets, la paume en dehors ; dans cette position on entrelace les doigts en commençant par le petit doigt de la main gauche et en faisant alterner ceux d'une main avec ceux de l'autre jusqu'à ce que les deux pouces arrivent en contact ; cette opération doit être faite lentement, toujours dans l'église et pendant la messe de mariage au moment où le mari offre l'anneau à sa femme.

D'autres ligatures sont moins compliquées et consistent simplement à faire trois nœuds à trois lacets, tenus ensemble, à la main, en disant : « Je noue les liens de Vénus. »

L'homme victime de ces charmes devait, pour les détruire, uriner à travers l'anneau nuptial.

Tous ceux qui passaient pour noueurs d'aiguilettes inspiraient une terreur universelle, ce qui prédisposait considérablement leurs victimes à subir les effets du charme ; celui-ci opérait aidé par l'émotion, quelquefois par le désir excessif et le plus souvent par une véritable autosuggestion.

La ligature d'aiguillettes a été extrêmement fréquente à la fin du moyen-âge, au seizième siècle, et même jusqu'au milieu du dix-septième, à un tel point qu'on prit l'habitude de se marier secrètement pour éviter un sort, qui mettait, le soir, en assez piteuse posture.

Un des attributs qui était le plus fréquemment l'apanage des sorcières, c'est le mauvais œil.

Cette croyance en un pouvoir funeste du regard est d'ailleurs des plus répandue ; c'est celle que les Italiens dénomment *jettatura*, et la même qui caractérise en Écosse le *glamour*.

Le regard du *jettatore* suffit à lancer un mauvais sort contre ceux qu'il atteint ; aussi pour arrêter

les sorciers et les sorcières réputés dangereux, en-
trait-on chez eux à reculons ; pour quelques-uns
même on prit la précaution de les juger en les maintenant le dos tourné.

Encore aujourd'hui, dans certaines contrées acces-
sibles à la superstition, on montre des gens qui ont
hérité de ce pouvoir ; quelques-uns sont désolés de
le détenir à cause des malheurs qu'ils occasionnent
malgré eux. Tout n'est pas superstition dans cette
croyance ; certains animaux ont bien une puissance
de fascination si intense que leurs proies viennent
d'elles-mêmes se jeter à leur merci. En outre, il est
incontestable qu'un fluide s'irradie par les yeux ;
les voyants décrivent la coloration des effluves vi-
suels, et la volonté concentrée dans un regard produit d'extraordinaires effets. Les jeteurs de sort en-
seignaient un moyen indirect de tuer par le regard:
si on enferme un crapaud dans un bocal d'esprit-
de-vin, il y meurt en gardant les yeux ouverts ; on
n'a qu'à mettre la personne à frapper en face de ce
crapaud ; s'il ne s'est pas écoulé plus d'un jour depuis la mort de la bête, la personne a la jettature et
tombe en syncope.

L'influence qu'exerce le regard fixe et terne des
batraciens est du reste un fait reconnu ; on cite le
cas de ce fascinateur, l'abbé Rousseau, qui trouva
un jour un crapaud rebelle à l'action de son regard.
La bête le fixa avec tant de persistance, et peut-être
d'intention, que ce fut l'expérimentateur qui éprouva
une syncope inquiétante.

L'envoûtement par le regard durera aussi longtemps que les femmes auront de beaux yeux expressifs et sauront en jouer ; toutes ont au fond de leurs
prunelles noires, grises ou bleues, le pouvoir de
nous faire accomplir d'irrémédiables folies. Que ne
peuvent pas celles qui à cette séduction naturelle
ajoutent la connaissance de ces secrets occultes que
l'homme a arrachés à l'enfer !

CHAPITRE VIII

—

Trois Sataniques couronnées

—

*La Vierge sanglante : préparation du maléfice démo-
niaque. — La volupté avant la torture. — Le poison des caresses, un escadron de démons femelles,
l'oracle de la tête sanglante. — Rivale de Messaline : une orgie digne du Bas-Empire.*

—

Elisabeth, reine d'Angleterre, a quitté son trône
pour se rapprocher de la table sur laquelle Manto,
la vieille sybille, range en cercles les tarots bohé-
miens. La puissante reine et l'humble sorcière sont
seules dans la grande salle aux lambris dorés où
flamboient les armes des Tudors. Elisabeth est jeune,
fraiche et bien faite, avec un visage expressif et singulier, au profil accentué autoritaire et froid avec
ses gros yeux, son nez long et sa bouche mince ; ses
vingt-sept ans s'épanouissent radieusement sous les
rayons d'or de sa couronne ; Manto est si vieille
qu'elle n'a plus d'âge, qu'elle semble avoir vécu plusieurs siècles ; il n'y a de vivant dans son visage
ridé et tanné que sa prunelle vive, sombre comme
une perle de jais, luisante comme l'œil du faucon et
pourtant c'est elle qui parle tandis que la reine se
tait et recueille les paroles qui s'échappent de sa
bouche sans dents, aux lèvres rentrées.

Tout à l'heure, quand la devineresse fut introduite
par une fille d'honneur dévouée, la reine méditait
dans la majesté de son trône incrusté d'or. Ce fut à

peine si elle laissa tomber un regard dédaigneux sur la sorcière qu'elle avait fait mander en secret, et sa main gauche, dont l'index impérieux s'ornait d'un anneau ancien, eut un geste de dégoût pour couper les cartes graisseuses que la vieille lui présentait, un genou en terre. Elle n'abandonnait pas son attitude orgueilleuse tandis que la pythonisse mélangeait les mystérieuses figures suivant les préceptes chaldéens ; elle écoutait d'une oreille distraite, elle contemplait les bagues ouvragées qui chargeaient ses doigts fuselés, elle jouait avec le médaillon qui pendait à sa chaîne d'or et où une miniature reproduisait les traits de lord Robert Dudley, qu'elle songeait déjà à faire comte de Leicester.

Et pourtant la vieille femme annonçait toutes les prospérités et toutes les gloires de son règne :

— Je te vois grande, puissante... tout te réussit... tes ennemis sont domptés... Tu as une rivale, une reine... Elle est en ton pouvoir et je vois son sang sur tes mains... Tu règnes même sur la mer dont la colère te protège contre tes ennemis et qui n'obéit plus qu'à toi...

Mais soudain, la reine s'est levée, a descendu les marches de son trône, a traversé la salle dans un bruissement de brocard et de soie et est venue s'appuyer familièrement sur la table que la devineresse a couverte de cartes : c'est que Manto vient de parler d'amour !

Et de nouveau le silence a plané, absolu, impressionnant, troublé seulement par le cœur de la reine qui bat à coups précipités et par le pas lent et sonore du hallebardier qui monte la garde dans les corridors de l'autre côté de la porte.

Du même ton monotone et fatidique, la vieille continue :

— Et ce n'est pas seulement le sang de tes ennemis qui souille la traîne de ta robe, c'est aussi celui de tes amis... de tes plus chers amis... reine, de tes amants.

Elisabeth s'est redressée :

— Tu m'outrages, vieille ! La reine d'Angleterre n'a pas d'amants.

— Les cartes disent qu'elle en a ! ta main aussi l'affirme, ta main que j'ai eu le temps de voir quand je t'ai donné à couper.

— Manto ! interrompit sévèrement la reine.

— Des amants ! je t'en vois partout, tu en as eu, tu en as, tu en auras !

— C'est trop d'impudence ! Oublies-tu donc que depuis dix ans on m'appelle « la belle vestale » ? Ne sais-tu pas que j'ambitionne de dormir mon suprême sommeil à Westminster sous un marbre sans tache où l'on gravera : « Ci-gît la reine qui vécut et mourut vierge ? »

Manto ne baissa pas les yeux sous le regard de sa souveraine :

— C'est à seize ans que tu as eu ton premier amant et tu seras dans ton quatorzième lustre quand mourra le dernier.

— Malheureuse ! prends garde à tes paroles !

— Reine, tu m'as fait venir pour savoir la vérité et connaître l'avenir : je t'ai dévoilé ta destinée, j'ai démasqué des traîtres ; tout ce que je t'ai dit est vrai.

— Vrai !... répéta la reine comme un écho. Ah ! si je pouvais avoir confiance en ta discrétion comme j'ai foi en ta lucidité...

— Reine, tu le peux : mes oreilles n'entendent pas les oracles qui sortent de ma bouche. Ce n'est pas moi qui parle, mais bien l'esprit qui habite en moi.

— L'esprit ?

— Sans doute ; le nom qu'on m'a donné est celui

de la fille du devin Tyrésias ; qui sait si ce n'est pas la sybille qui m'inspire ces réponses. ?...

— Oui, tu as raison .. tu vois et tu sais, je le sens .. tiens, Manto, dis-moi tout !... Tu parlais d'un homme aimé de moi, qui meurt et dont le sang éclabousse ma robe... Ce n'est pas possible !

— Cela sera. C'est toi qui le feras mettre à mort.

— C'est impossible, te dis-je !

— Il conspirera.

— Si je l'aime, je lui pardonnerai.

— Et s'il ne veut pas de ta grâce?.. Ou si une main conduit la tienne quand tu tiendras la plume?..

» Mais c'est toi-même qui signeras l'ordre fatal et la tête que tu auras baisée aux lèvres tombera sous la hache du bourreau.

Elisabeth poussa un cri et porta ses deux mains à sa poitrine. La sorcière continuait, en remuant les cartes :

— Je ne puis savoir encore comment la chose arrivera, mais ce sera ainsi... c'est loin, c'est si loin!.. Tu mourras deux ans après lui, ne pouvant te résigner à renoncer à l'amour, à tes trésors, à ta couronne, à la vie...

La respiration d'Elisabeth était haletante ; une angoisse se peignait sur ses traits accusés, nobles et durs.

Elle jeta les yeux autour d'elle, prêta l'oreille un instant pour s'assurer que personne ne pouvait la voir ou l'entendre. Alors, posant sa main blanche sur les haillons de la vieille, elle lui fit voir brusquement le médaillon qui pendait à son cou et demanda :

— Regarde, est-ce celui-ci ?

— Prends une carte au hasard, sans voir, et pose-la sur celle-ci toi-même.

Elisabeth choisit une carte dans le paquet offert,

ses doigts tremblaient. La vieille retourna la carte :

— Non, fit-elle, ce n'est pas le même, car l'un est brun et l'autre blond.

La reine soupira, son visage se détendit, puis aussitôt se couvrit d'un masque hypocrite. Mais de nouvelles pensées surgissaient derrière son front impénétrable, car son regard devint fixe et ses sourcils se froncèrent. Elle dit d'une voix incisive, poignardant de ses prunelles d'acier la sorcière qu'elle dominait de toute sa taille redressée :

— Tu sais trop de choses, Manto ! des choses que nul ne devrait jamais connaître ! et j'ai peur que le grand air ne te vaille rien : il y a tant de secret que le vent arrache aux cervelles des femmes et éparpille par le monde ! Je ne sais ce qui me retient de te faire conduire à la Tour ; là tu pourrais parler, car les murailles sont épaisses.

Sous cette menace, la devineresse n'avait pas tressailli ; ses yeux restèrent fixés sur le vide, sans voir la reine qui s'était mise à marcher avec agitation à travers la pièce et qui suivait à haute voix le fil de ses pensées tumultueuses :

— Ah ! je savais bien, Robert, que ce n'était pas toi que je pouvais livrer au bourreau ! et d'avoir eu cette folle terreur, je sens que je t'en aime davantage ! Mais il faut que tu sois à moi tout entier... Je ne veux pas te partager même avec Amy Robsart, avec ta femme...

Elle s'arrêta en face de la sorcière.

— Manto. ton pouvoir est-il aussi grand que ta science ?

— Je possède des secrets terribles entre les mains de ceux qui savent tout oser.

— Par toi j'ai pu connaître mes ennemis cachés et leurs plus secrètes intrigues ; parmi toutes les créatures que leur mauvais destin met en travers de mon ambition ou de ma passion, il en est une que je hais, une seule ; peux-tu me fournir le moyen de l'anéantir sûrement sans qu'on puisse reconnaître ma main, sans qu'on soupçonne même la mort de n'être point naturelle ?

— Oui, je le peux, à condition que tu m'y aides, que tu te conformes à mes indications, que tu ne recules devant rien, même s'il faut engager ton salut éternel.

— Ecoute, Manto ; je te pardonnerai d'avoir violé tous mes secrets, à une condition : tu seras mon alliée dans l'œuvre que je médite, tu m'aideras de toute ta conscience, de tout ton pouvoir ; mais malheur à toi si tu échoues !

— Ce que j'ai à te demander est terrible et de nature à faire pâlir quiconque n'a point l'habitude d'arracher à l'enfer ses secrets.

— Tu peux parler : quand je veux atteindre le but, je n'hésite pas devant le moyen.

— Je mêlerai aux aliments de ta rivale une pâte conjuratoire faite avec du pain et du vin consacrés et avec deux substances qui me seront fournies par toi-même et qui sont : du sang menstruel et du sperme humain.

Elisabeth se raidit et répéta avec effort :

— De la semence humaine !

— Recueillie par toi-même et prise sur un condamné à mort.

La reine réfléchit quelques secondes, puis elle déclara avec un calme qui indiquait une résolution soudainement arrêtée :

— C'est bien. Sous peu de jours je te ferai tenir ce que tu demandes.

— Aussitôt je composerai la pâte, à l'une des heures qui conviennent aux influences maléfiques. Amy Robsart la prendra, l'effet en sera presque foudroyant.

Elisabeth jeta une bourse à la sorcière et la congédia ; puis elle appela un de ses conseillers et se fit rendre compte des dernières condamnations prononcées.

Dans l'aube blanchissante d'une matinée de mai 1560, le bourreau achevait ses derniers préparatifs pour le supplice d'un voleur de grand chemin.

Devant la prison, à l'extrémité d'un poteau il dressa une roue de carosse sur laquelle devait être exposé le condamné lorsqu'il lui aurait rompu les membres avec la lourde barre de fer qu'il maniait en se jouant ; puis il pénétra dans la Tour.

On l'attendait. L'homme était déjà couché sur un chevalet en forme d'X, les bras et les jambes liés aux montants de bois. Il était jeune et robuste et l'effroyable pâleur qui s'étendait sur son visage livide n'arrivait pas à l'enlaidir ; un regard désespéré qu'il jeta en arrière lui permit d'apercevoir le bourreau appuyé sur la pesante barre de fer ; le malheureux tourna vers la voûte basse des yeux révulsés qui semblaient vouloir percer les blocs de pierre pour attendrir le ciel.

Soudain des appels s'échangèrent, des pas se hâtèrent dans les corridors ; le condamné, croyant que l'heure du supplice était venue, ferma les yeux.

Quand il les rouvrit, il fut étonné de se trouver seul dans son cachot. Il accueillit ce répit comme une joie, poussa un soupir ; puis brusquement il tressaillit : il entendait le frôlement d'une robe sur les dalles, un parfum pénétrant venait à lui par bouffées ; il eut la sensation qu'il n'était point seul et qu'une femme se tenait à quelques pas de lui.

Il ne se trompait pas : la reine d'Angleterre avait fait surseoir à l'exécution. Elle était venue à la Tour avant le lever du soleil, et avait expliqué qu'inquiétée par un rêve, elle voulait voir l'homme qu'on allait rouer et que, si le bandit témoignait du repentir, elle lui accorderait sa grâce.

On l'avait conduite jusqu'au lieu du supplice et, sur son ordre, laissée seule avec le condamné.

C'est pourquoi la lueur des torches fumeuses éclairait de reflets incertains cette scène étrange : un homme attaché tout nu sur une croix de Saint-André, et une belle femme en somptueux atours, qui s'avançait à petits pas silencieux, le buste penché, épiant son regard.

Tout d'abord l'homme crut qu'il rêvait : l'apparition était éblouissante, la femme semblait jeune, ses dents étincelaient dans la pourpre du sourire et ses yeux brillaient avec une expression bizarre. Si c'était un rêve, il n'avait rien de terrible ; l'homme ferma à demi les paupières pour le prolonger.

Brusquement, un frisson courut sur sa chair nue : il venait de sentir la caresse douce d'une main fine qui se promenait lentement sur ses cuisses ; on eût dit le contact voluptueux d'un satin que rendait plus agréable par instants un attouchement froid dû aux bagues des doigts légers. La femme parcourut tout le corps, comme si elle s'amusait de l'émoi qu'elle y faisait naître et que décelait le trouble passager du regard.

Mais l'homme résistait à ces offres lascives ; la menace du supplice était toujours suspendue sur lui, et il s'attendait d'une seconde à l'autre à sentir le premier de ces coups horribles qui disloqueraient son pauvre corps, mettant en fuite le rêve voluptueux. Cette crainte le paralysait, arrêtait net le cours des effluves qui prenaient naissance sous les doigts frôleurs.

Elisabeth s'en impatienta, froissée comme d'un affront. Elle se releva et, d'un geste brusque rejetant son corsage, prononça d'une voix âpre :

— Regarde ! ne suis-je pas assez belle pour être désirée, même en une pareille minute.

Ses épaules émergeaient radieuses hors du corsage brodé, ses seins orgueilleux brisaient la barrière des tissus précieux pour montrer leur pointe rose ; un désir impur, une volupté perverse gonflaient la gorge offerte. Toutes ces splendeurs révélées et surtout le timbre sensuel de la voix persuadèrent l'homme que tout cela n'était point une vaine illusion. Il contempla ardemment cette belle créature et rendit à sa beauté l'hommage dont elle guettait la manifestation.

Elisabeth eut un sourire de triomphe, elle s'agenouilla à côté de la croix et porta sur l'homme une main impudique.

La poitrine du condamné laissa échapper un soupir rauque, sa face s'empourpra, la folie du rut s'alluma dans ses prunelles.

Inclinant vers lui sa chevelure parfumée, faite pour le poids de la couronne, la reine abaissa son front orgueilleux pour un long et savant baiser de prostituée.

Un tremblement posséda le corps nu ; ses muscles se tendirent, ses reins se cambrèrent autant que les liens le permettaient, ses membres, condamnés à l'impuissance, craquèrent en ébauchant le geste irréalisable d'attirer cette femme et de l'étreindre

Une prière ininterrompue glissait, avec des soupirs pâmés, entre ses dents qui grinçaient ; il suppliait la tentatrice de s'allonger auprès de lui sur le chevalet de torture transformé en couche voluptueuse ; l'insensibilité de la femme l'exaspérait ; il l'appelait avec une ardeur frénétique ; son corps se tordait comme celui d'un reptile, et ses yeux s'injectaient de sang.

La reine s'écarta un peu, mais ce fut pour avancer de nouveau sa main crispée où les pierres multicolores luisaient comme une gerbe d'étoiles.

Enfin un spasme immobilisa l'homme ; la reine, prononçant des paroles kabbalistiques enseignées par la sorcière, accomplit le rite démoniaque.

Profitant de la prostration du condamné, elle se rajusta en hâte et sortit ; elle tenait caché dans un pli de sa robe quelque chose de précieux.

— Cet homme est un bandit sans foi ni loi, déclara-t-elle avant de quitter la Tour ; loin de se repentir, il blasphème ; que la justice suive son cours !

Et bientôt un cri angoissant éveilla les échos de la sinistre prison ; c'était la barre de fer qui rompait les os du condamné et le faisait passer brusquement de la suprême jouissance à la plus effroyable torture.

Pendant ce temps la reine était rentrée dans ses appartements où Manto ne tardait pas à la rejoindre ; elles échangeaient quelques mots, et la sorcière s'en retournait dissimulant divers objets sous sa cape.

Quelques jours après on trouva Amy Robsart morte dans son lit ; elle ne portait aucune trace de violence ou d'empoisonnement ; cette mort subite était inexplicable, mais l'on ne sut jamais qui accuser.

Au seizième siècle s'assit sur le trône de France une Satanique, redoutable par son esprit délié et inventif, son amour de l'intrigue, ses passions impérieuses et sa connaissance des terribles secrets qui faisaient la puissance des Borgia ; ce fut *Catherine de Médicis*, femme et mère de rois, la veuve insinuante et impitoyable dont les voiles de deuil étaient teints de sang.

C'est une figure d'un relief puissant et d'une inquiétante complication que celle de cette reine doucereuse et sanguinaire qui, toute sa vie, évolua à l'aise au milieu des mille intrigues conduites par son astuce florentine. Sa diplomatie tortueuse et habile fut un modèle de prudence et de duplicité ; elle sut ménager les partis extrêmes, lancer les uns contre les autres, envisager à l'avance toutes les conséquences des évènements, et si les circonstances déjouaient ses prévisions, elle réussissait à en tirer un parti inattendu. C'est ainsi qu'ouvertement catholique elle donna sa faveur à des protestants jusqu'au jour où elle les fit massacrer. Au sortir de son oratoire elle se rendait dans une chapelle secrète, aménagée dans ses appartements, où elle se livrait à des rites démoniaques.

En même temps qu'elle adorait Dieu, elle servait Satan, fidèle à ses principes en ménageant les deux puissances qui règnent au ciel et dans l'enfer.

Quelle énergie dans la face de cette Italienne aux sourcils froncés sur un regard noir ! Elle vieillit assez vite, mais elle eut dans sa jeunesse un visage de beaucoup de caractère, aux traits un peu forts, mais avec une bouche bien dessinée, des yeux perçants, un menton volontaire, un front intelligent.

D'un tempérament sensuel, avide de sensations étranges, elle fut portée à des perversions dont Brantôme nous a retracé le tableau. On connaît toutes les débauches dont la cour des Valois était le théâtre ; on sait que l'expression « putain comme une princesse » était devenue proverbiale ; Brantôme l'appliquait du reste sans sourciller à toutes les belles et honnestes dames dont il enregistrait les frasques, et cette cour dépravée « disputait de mœurs et de langage avec les mauvais lieux. »

« Catherine de Médicis, dit Sauval, avait un sérail de coquettes qu'elle traînait avec elle, comme autant de bonte-feu pour arracher des cœurs des princes et des seigneurs du royaume leurs plus secrètes pensées. ». C'était là une véritable troupe de diablesses effrontées, provocantes, dignes élèves de celle qui les avait dressées et enregimentées ; on l'appelait « l'escadron volant de la reine ».

Les mœurs de Lesbos florissaient dans les rangs de ces troublantes guerrières dont les armes étaient des sourires, des œillades, et de beaux corps aux attitudes lascives.

Catherine y recrutait les dévouées auxiliaires de ses caprices lubriques ; elle les prenait notamment comme cibles pour ses goûts de flagellante convaincue : plus d'une, choisie pour la blancheur et la rotondité de sa croupe, dut s'offrir à ces royales fessées qui causaient à Brantôme une douce joie mêlée d'un certain étonnement.

Quand elle ne les soumettait pas à ces fantaisies, la reine lançait ses demoiselles d'honneur dans la stratégie galante où elles excellaient et secondaient de leur mieux les secrets desseins de sa politique.

Si ces manœuvres échouaient, il restait à Catherine le poignard, le pistolet ou l'arquebuse pour se débarrasser de ses ennemis. Mais, à ces moyens qui n'étaient pas infaillibles (témoin Maurevel manquant Coligny), en vraie Italienne, elle préférait le poison. Elle envoyait la mort dans une paire de gants ou dans un bouquet de fleurs, et les émanations mortelles se mêlaient traîtreusement à l'odeur des cheveux de soie, au parfum des lèvres humides, tandis que s'échangeait le baiser fatal.

De toutes les manœuvres machiavéliques auxquelles se livra cette reine, il en est une qui porte au plus haut degré l'empreinte satanique : c'est cer-

148

taine cérémonie monstrueuse et sacrilège qu'elle célébra en 1674, pendant la mystérieuse maladie de
Charles IX.

Une incertitude complète entourait l'origine et la
nature de cette maladie, on alla jusqu'à en soupçonner la reine-mère qu'on savait capable de tout. Bien
au contraire, cette maladie la désolait, car elle ap-
préhendait de voir finir son influence avec le règne
de ce prince qu'elle dominait de façon absolue.
Longtemps elle se rattacha aux plus faibles lueurs
d'espoir, et quand les progrès furent tels que l'état
du malade apparut désespéré, et que tous les astrologues du royaume eurent déclaré que nulle influence
ne permettait d'écarter l'issue fatale, elle décida de
faire dire une *messe du diable* et de consulter
l'*Oracle de la tête sanglante*.

Elle choisit un enfant d'une innocence liliale, d'un
visage angélique, et chargea un aumônier du Louvre
de le préparer secrètement à sa première communion. Dès qu'il fut instruit en vue du sacrement
qu'il allait recevoir, Catherine disposa tout pour
l'office sacrilége.

Dans un coin de la chambre où agonisait lentement le royal malade, un autel fut dressé, mais la
croix, au lieu de le dominer, gisait sur la plus haute
marche de l'estrade. Au centre, à la place d'honneur, entre les cierges de cire noire, s'élevait une
effigie du démon, qui venait de la chapelle secrète
de la reine.

A minuit fut introduit un moine Jacobin, versé
dans les pratiques et le rituel de la magie noire; il
revêtit une chasuble marquée d'une croix renversée
gravit les marches de l'autel et commença à dire la
messe du diable. Les assistants étaient la reine-
mère, quelques-uns de ses affidés, ses plus fidèles
amies et, sous les draperies imposantes du lit bla-

sonné de fleurs de lys, le roi Charles IX, amaigri par la maladie, oppressé par la fièvre. Le moine célébra la messe en entier, foulant sans cesse la croix qui avait été mise sous ses pieds : à l'offerte il consacra deux hosties, l'une blanche et de dimensions ordinaires, l'autre noire et d'un fort diamètre.

Alors l'enfant fut introduit, vêtu de laine blanche, les mains jointes pieusement, les yeux modestement baissés, appelant en une extase mystique le sacrement qui allait lui être administré pour la première fois. Il s'agenouilla sur les marches, et de la main du prêtre apostat, reçut l'hostie blanche, tandis que l'autre, était placée sur une patène. Aussitôt qu'il eut communié, un coup de poignard le frappa en pleine poitrine ; il s'affaissa sans un gémissement, tachant d'une pourpre tiède les marches de l'autel et sa robe immaculée, éclaboussant les draperies liturgiques et les vêtements sacerdotaux. Une main vigoureuse lui trancha la tête d'un seul coup et celle-ci, toute saignante et toute pantelante, les lèvres blêmes et les yeux fixes, fut déposée sur l'hostie noire qui recouvrait le fond de la patène, et ainsi exposée sur une table drapée de rouge entre deux flambeaux mystérieux.

Tout était prêt pour interroger l'oracle. Le moine avec des gestes d'incantation et des blasphèmes déments, évoqua le diable, l'adjura de se manifester à l'assistance et de s'exprimer par la bouche exsangue de cette tête fraîchement coupée.

Des craquements sinistres se firent entendre dans les meubles, les flammes des bougies et des cierges vacillèrent sous un souffle froid qui glaça le front des assistants, une odeur de soufre se répandit dans la pièce.

Alors le Jacobin étendit le bras gauche au-dessus de la tête et d'une voix forte :

— Satan, mon maître ! s'écria-t-il, tu es là ! je te sens. Tu connais la question qui hante l'esprit du roi, qu'il n'ose prononcer, question redoutable qu'il n'a confiée à personne ; donne toi-même la réponse par ces lèvres innocentes qui ont laissé passer le dernier soupir.

On attendit ; cette question, on l'avait devinée, car c'était la même qui obsédait la reine-mère : l'enfer protégeait-il toujours son fils, et l'intervention d'en-bas pourrait-elle l'arracher à la mort ?

Tout à coup la bouche délicate s'entr'ouvrit légèrement et une voix faible, bizarre, qui n'était pas de la terre, prononça ces mots :

— Vim patior (j'y suis contraint par la force).

Tout le monde frissonna ; Catherine devint blême ; Charles, qui s'était soulevé, retomba sur ses oreillers, suffoquant, les bras raidis, les yeux hagards, répétant d'une voix angoissée qui lui déchirait la gorge :

— Emportez cette tête !... Eloignez cette tête !

Il fut terrassé par une crise terrible dans laquelle ces paroles revinrent sans cesse.

On s'empressa de faire disparaître les apprêts sacrilèges pour lui porter secours. Jusqu'à son dernier râle, il articula dans son délire les mêmes mots ; ceux qui le soignaient, qui ne connaissaient pas l'atroce vérité crurent qu'il était poursuivi par la tête de Coligny apparue dans un suprême et tragique cauchemar.

Dès son enfance Sophie - Auguste - Frédérique d'Anhalt-Zerbst-Dornbourg, qui devait régner en Russie sous le nom de *Catherine II*, manifesta un double penchant pour la domination et pour la sensualité, qui devait être le signe distinctif de son caractère.

Pour combattre ses tendances orgueilleuses, sa mère l'élevait comme une enfant de condition modeste et l'obligeait à jouer avec des petites filles de bourgeoises ; Sophie s'en dédommageait en dominant impérieusement sur ses compagnes chaque fois que l'occasion s'en présentait.

Toute jeune elle se laissa aller aux exigences de son tempérament ; un adjudant du gouverneur de Stettin fut le premier sur cette liste d'amants qui devait comprendre des gentilshommes, officiers ou de simples grenadiers de sa garde, tous beaux hommes et vaillants amoureux, tels que Soltikoff, Poniatoswki, Bestouchef, Orloff, Schuvaloff, Wasilschikoff, Potemkin, Savadouski, Soritz, Kosakoff, Landskoy, Jermoloff, Momonoff, Zouboff.

Elle épousa, en 1745, le grand-duc Pierre de Holstein-Gottorp, qui devint tzar sous le nom de Pierre III, mais ne tarda pas à abdiquer sous la pression d'une émeute et laissa la couronne à celle qu'on devait surnommer « la Sémiramis du Nord. »

La grande Catherine, qui montra un caractère si impérieux dans sa vie privée, une si indomptable énergie dans son gouvernement, fut complètement asservie par les favoris auxquels la soumettaient sans défense les ardeurs de ses sens, notamment à Orloff, à Potemkin et à Zouboff. Peu de femmes furent possédées de caprices aussi autoritaires et de passions aussi fougueuses ; nulles ne mirent tant de frénésie à satisfaire les exigences d'un tempérament jamais assouvi. Les joies qu'elle goûtait dans les bras de ses amants ne rassasiaient pas tous les goûts étranges de cette femme qui aimait à humilier et à frapper ses amies, à flageller ses dames d'honneur et les plus grandes dames quand elle ne les faisait pas fouetter par des serves.

Ce double penchant se donna libre cours dans

une des plus curieuses aventures où se soit déchaînée la fantaisie de cette déconcertante impératrice, qui faisait songer à quelque Cléopâtre réincarnée lorsque la galère Tver promenait sur les eaux de la Volga ou du Dnieper ses rêves voluptueux et inquiétants

Catherine II était déjà quadragénaire ; toujours fort belle, elle conservait une incomparable majesté qui s'alliait merveilleusement à sa haute taille, à son port majestueux et à la finesse de son masque intelligent et sensuel. Nulle banalité dans ce visage aux traits nets, au front hautain, bien modelé, où la bouche dessinait un sourire gracieux, tandis que les yeux glissaient, sous les paupières lourdes, un regard dédaigneux et singulièrement équivoque.

En 1772, Catherine venait de disgrâcier Orloff et n'avait pas encore distingué Potemkin qui devait demeurer longtemps tout puissant à l'époque où elle cherchait de la variété dans les bras des amants que lui permettait, que souvent même lui présentait le favori en titre. Elle tomba amoureuse du comte de Manteufel, un gentilhomme livonien de belle tournure, qui était officier dans sa garde. Elle lui fit connaître son goût par ces regards dont elle enveloppait les beaux hommes de sa cour ou de ses régiments ; comme il restait insensible aux œillades aussi bien qu'aux provocations directes, le comte Panin fut chargé de lui signifier les vues que sa souveraine avait sur lui. Panin fut surpris de trouver un homme réfléchi, aux goûts simples, dépourvu d'ambition et de vanité, qui refusa cette élévation au rang de favori. D'ailleurs il aimait sa femme et bien qu'il ne l'eût pas dit à l'ambassadeur galant, la tzarine le sentit et en éprouva une violente colère ; elle se jura qu'elle l'emporterait sur sa rivale.

Elle eut beau mettre en œuvre les coquetteries les

plus éhontées, les tentations les plus troublantes, tout échoua contre la ferme décision de l'officier.

Elle comprit que la puissance d'un pareil sentiment ne pouvait être entamée que par des manœuvres occultes.

Il y avait à la cour une jolie personne, Mme de Sinœvin qui était fort versée dans les choses de la magie ; cinq ans auparavant elle avait inspiré à Orloff une vive passion, que la tzarine attribuait à l'effet de philtres mystérieux.

Les deux femmes s'étaient d'ailleurs brouillées à ce moment là ; Grégoire Orloff, qui était chargé d'une mission au congrès qui se tenait à Folcksan pour traiter de la paix avec les Turcs, voulait que Mme de Sinœvin fût du voyage, Catherine s'y opposa formellement et eut avec son favori une scène assez vive, dont la conséquence fut la disgrâce de sa rivale. Enervée par une résistance inaccoutumée à ses désirs luxurieux, la tzarine oublia les griefs qu'elle pouvait avoir contre Mme de Sinœvin Elle la manda au Palais d'Hiver, l'accueillit de la façon la plus aimable et lui donna un baiser pour sceller leur réconciliation.

Dès que toute contrainte eût disparu entre les deux femmes, Catherine prit Mme de Sinœvin pour confidente, lui ouvrit son cœur, lui avoua son amour méconnu, sa déception persistante, puis lui prenant la main et la regardant au fond des yeux :

— Vous connaissez des secrets pour forcer l'amour d'un homme ? Ne dites pas non : vous en avez usé.

— J'en possède plusieurs et de très anciens, Majesté.

— Quel est le meilleur ?

— Tout dépend du sujet que l'on veut dompter, de son caractère, des circonstances...

— Il s'agit du comte Manteufel.

— L'officier aux gardes ? celui qui est si épris de sa femme ?

— Lui-même et c'est ce sentiment que je considère comme le principal obstacle à mes désirs.

Mme de Sinœvin se tut ; elle réfléchissait. Puis elle demanda :

— Majesté, pourriez-vous attirer la comtesse au Palais d'Hiver ?

— Sans doute.

— Et lui faire boire un breuvage auquel elle serait seule à toucher ?

— Ceci serait moins facile, elle peut soupçonner quelque piège et feindre de tremper ses lèvres dans un liquide qu'elle jettera.

— Il faudrait pourtant qu'elle le bût seule.

— Serait-ce donc un poison ?

— Non ; mais il produira des effets auxquels il vaut mieux que nulle autre personne ne s'expose, vous surtout, Majesté.

— Un peu plus vous m'effraieriez, ma chère !

— Je songe tout simplement à composer un aphrodisiaque d'une extraordinaire puissance, dont la recette est due à la romaine Lépida, prêtresse de Priape et mère de la fameuse Messaline.

— C'est le comte, alors, qui devra boire ce philtre ?

— Non, c'est la comtesse ; mon plan est d'un machiavélisme achevé.

— Je ne le devine pas.

— Pensez-vous que je me contenterais de vous livrer Manteufel à la faveur d'une excitation factice, passagère ? Non pas : je veux qu'il s'offre de lui-même à vos séductions, que son cœur aille vers vous, de sorte que vous puissiez non seulement le prendre, mais encore le garder ?

— Quoi ? vous feriez cela ?

— J'espère y réussir, Majesté !

— Et que faut-il ?

— Que vous me laissiez jouer le rôle d'Emilia Lépida tandis que vous figurerez le personnage de Messaline.

Dans les jours qui suivirent, la comtesse Manteufel vint souvent au Palais d'Hiver, passant de longues heures auprès de la tzarine qui lui témoignait beaucoup d'amitié. Quant à Mme de Sinœvin elle n'oubliait pas l'entreprise qu'elle avait promis de mener à bien. Dans une serre où elle cultivait des plantes rares, elle choisit une sorte d'orchidée d'une forme bizarre et d'une odeur forte, caractéristique; le labelle, long. développé entourait une belle fleur d'aspect décoratif. Prononçant une incantation mystérieuse où revenait le nom de Satan, elle arracha le pied et déterra deux tubercules qui offraient l'apparence de testicules. Cette plante, le loroglosse à odeur de bouc, qu'on appelle aussi testicule de chien, n'était autre que le satyrion, l'aphrodisiaque employé par la prêtresse de Priape,

Mme de Sinœvin fit sécher les oignons, hacha les feuilles et mit les fleurs macérer dans l'alcool. Elle avait attendu pour cette opération un vendredi, à l'heure de Vénus. La semaine suivante elle fit infuser des feuilles de verveine et prévint la tzarine que huit jours plus tard tout serait prêt.

Enfin la journée décisive était arrivée ; Catherine, qui se montrait nerveuse depuis le matin, fut dans l'après-midi plus fantasque que jamais. On était en juin, il faisait très beau ; l'impératrice était entourée de ses dames d'honneur auxquelles elle faisait subir toutes ses sautes d'humeur. Tout à coup elle se plaignit d'être incommodée par la chaleur et demanda pour l'éventer une main adroite et patiente. Une dame d'honneur se leva pour appeler la première femme de chambre.

— Point du tout ! s'écria Catherine ; vous êtes bien assez nombreuses ici pour vous occuper de ma personne et même vous relayer fréquemment. Beaucoup d'entre vous sont comtesses ou princesses ; que m'importe ? croieraient-elles déchoir en servant l'impératrice de toutes les Russies ? Songez donc, Mesdames, que si, au lieu d'être tzarine j'étais impératrice romaine, vous seriez toutes mes humbles esclaves. Il me plaît de revenir plusieurs siècles en arrière ; vos baise-mains respectueux ne me suffisent plus, il faut autour de moi des agenouillements d'esclaves.

Les jeunes femmes se regardèrent, quelques-unes froissées dans leur orgueil, la plupart prêtes à se soumettre au caprice de leur souveraine. Déjà Catherine fronçait le sourcil. Une jolie femme, de tournure imposante, se leva et vint docilement se prosterner devant Catherine dont elle embrassa le pied en signe de soumission ; c'était la comtesse de Bruce, sœur d'un feld-maréchal, célèbre par ses galanteries et son amabilité, et qu'un caprice pour le favori Kosakoff devait, quelques années plus tard, brouiller avec l'impératrice.

D'autres suivirent son exemple et obligèrent les hésitantes à les imiter. Comme deux dames de la cour, jeunes et jolies, la comtesse d'Ivof et Mme Turskinoff, mettaient peu d'empressement à accepter ce rôle, Catherine leur rappela en quelques mots qu'elle les avait fait fouetter lorsqu'elles étaient demoiselles d'honneur ; c'était exact, les deux jeunes filles avaient disparu depuis et étaient récemment revenues mariées. Cette allusion assouplit également l'échine frisée des comtesses Sentusky et Bradoff, que l'impératrice, peu de temps avant, avait obligées à échanger des coups de canne sur les mollets pour les punir d'un léger manquement à l'étiquette.

Sur un signe de l'impératrice une nuée de serves fit irruption dans la pièce sous la conduite de la première femme de chambre, la dévouée Catherine Ivanowna ; elles étaient toutes vêtues en esclaves romaines. Elles s'emparèrent des grandes dames, les dévêtirent rapidement et les drapèrent dans les plis harmonieux des tuniques païennes ; après quoi elles disparurent et la tzarine fut jusqu'à la fin de la journée servie par les comtesses transformées en esclaves.

Celles-ci commencèrent d'abord par l'habiller en Messaline, et Catherine eut plus grand air encore sous la pourpre impériale, sous la profusion chatoyante d'épingles et d'agrafes, de bracelets et de colliers. Les plus habiles la coiffèrent ; Catherine se laissait complaisamment parer, en usant avec elles comme les dames romaines avec leurs esclaves, c'est-à-dire les fustigeant sans indulgence ; elle allait même jusqu'à les piquer à l'épaule ou à la cuisse de la pointe d'une courte aiguille, si quelqu'une se montrait lente ou paresseuse ou même lui avait jadis fourni quelque motif de rancune.

Elle dîna couchée sur un lit de repos, toujours servie par les plus nobles dames de l'empire qui présentaient les mets et versaient les boissons avec des gestes antiques.

Quand la nuit fut proche, Catherine s'enfonça à travers les massifs du parc, appuyée sur l'épaule de la comtesse de Bruce, précédée d'esclaves qui portaient des torches.

Elle s'arrêta, non loin de la Grande Néva, à une construction de marbre qui avait été transformée en temple de Priape ; une statue du dieu érigeait entre deux colonnes sa silhouette railleuse et Mme. de Sinœvin, costumée en Lépida, présenta à l'Augusta une cassolette d'encens dont la main impériale jeta une pincée sur le feu, en l'honneur de la divinité lubrique.

A ce moment on vint annoncer à la tzarine l'arrivée de la comtesse de Manteufel. Pour la punir de sa venue tardive, Messaline ordonna qu'elle lui fût amenée dans l'appareil d'une captive de guerre. Trois femmes se portèrent à sa rencontre sous la conduite de la comtesse de Bruce, et la saisirent aux poignets.

Pendant ce temps, sous le péristyle du temple, l'impératrice prit une attitude orgueilleuse et nonchalante au milieu du groupe empressé formé par ses fidèles ; elle se coucha à demi, appuyée sur son coude nu ; une de ses mains se jouait dans les boucles d'une esclave agenouillée à ses pieds ; deux femmes, maniant de grands éventails, agitaient lentement sur son front l'air tiède de cette belle nuit ; les feux des torches et les rayons de la lune allumaient des lueurs multicolores sur les bijoux qui cerclaient ses bras blancs, son cou altier, ruisselaient sur sa poitrine épanouie, et surchargeaient ses doigts aux gestes rares et souverains. Nul bruit sauf le grésillement des parfums sur les trépieds de bronze, la plainte chantante de la Néva, le frémissement léger des éventails et l'hymne éperdu d'un rossignol invisible, voix lointaine et cristalline, qui semblait descendre du ciel avec le scintillement des étoiles.

Bientôt la comtesse de Manteufel parut ; dépouillée de ses parures, à demi-nue sous des draperies transparentes, les cheveux épars sur les épaules, elle marchait enchaînée à un prisonnier lybien, qui n'était autre qu'un domestique noir, employé aux écuries. Messaline ne put cacher la joie d'un orgueil- leux triomphe ; elle échangea un furtif regard avec la prêtresse de Priape, sa complice, et jouit longue- ment de l'humiliation imposée à cette rivale qui prétendait garder pour soi l'homme convoité par sa souveraine.

Quand elle l'eut traitée comme un butin conquis sur des barbares, elle fit détacher ses chaînes ; le nègre alla s'adosser contre un mur, ombre noire sur la surface éclairée par la lueur blafarde de la lune, et la comtesse reçut des mains d'Emilia Lé- pida une coupe pleine ; c'était, lui affirma celle-ci, un breuvage destiné à la remettre des émotions de la captivité et à lui donner le courage de supporter sa servitude.

Elle but d'un seul trait, mais à la dernière goutte laissa tomber la coupe pour porter les deux mains à son front. Une chaleur subite lui montait à la tête, le cours de son sang se précipitait, sa poitrine se gonflait sous un désir encore vague, mais qui bien- tôt se précisait. Elle perdit conscience du lieu où elle se trouvait, se laissa glisser sur le sol en une attitude impudique et prononça d'une voix tour à tour câline et impatiente le nom de son mari, tandis que ses bras se tendaient vers le vide.

Au même moment un chant de batelier s'éleva dans la nuit, scandé par le rythme régulier des avi- rons. Lépida vint parler à l'oreille de Messaline :

— Maîtresse, entends-tu ? c'est un signal qui s'a- dresse à nous ; le mari de ta captive est dans cette barque ; prévenu par un avis mystérieux que je lui ai fait parvenir, il va aborder ici, inquiet sur la con- duite de sa femme ; je me charge de lui prouver qu'on ne l'a pas calomniée.

Un sourire infiniment pervers retroussa les lèvres sensuelles de l'impératrice qui comprenait à demi-mot l'effroyable machination, et savourait déjà l'infernale luxure qu'elle cueillerait aux lèvres du comte.

Mme de Sinœvin s'était avancée vers la place où gisait la comtesse ; ses cheveux dénoués tordus en serpents, ses prunelles scintillantes en faisaient une véritable prêtresse de Priape. Elle étendit ses paumes ouvertes au-dessus de la tête de la femme en prononçant des mots inintelligibles qui parurent ajouter à l'effet de l'aphrodisiaque : le corps se tordit, les membres se convulsèrent, le rein se ploya en arc de cercle, les os craquèrent, et c'était un spectacle étrange que ce beau corps chaste possédé d'une folie impudique, appelant avec des gestes éhontés la volupté trop lente à venir.

Messaline, toujours indolente sous le vol régulier des éventails, considérait sans émotion sensible cette scène qui piquait la curiosité malsaine des autres femmes et faisait rouler au nègre de gros yeux effarés.

Quelques passes affermirent le pouvoir de Mme de Sinœvin sur la comtesse ; il semblait vraiment que de ses doigts s'échappait un fluide qui faisait vibrer les fibres plus intimes de ce corps dompté ; saisissant une baguette de coudrier elle décrivit autour de la femme un cercle qui l'enferma dans une barrière magique ; puis elle s'éloigna après avoir fait signe au nègre.

L'homme hésita un court instant, puis se précipita vers la femme en pâmoison ; les bras tendus rencontrèrent le corps noir, s'y crispèrent, l'attirèrent follement et ils roulèrent dans un enlacement furieux.

Messaline et les esclaves regardaient toujours avec des yeux de Romaines de la décadence, et tous les instincts barbares de leurs âmes slaves refoulaient les pudeurs que la civilisation avait mises en elles.

Pendant ce temps, Lépida avait couru vers la Néva ; elle avait attiré à sa suite le comte de Manteufel en lui murmurant :

— C'est moi qui vous ai écrit, car il faut que vous sachiez ce qu'est la comtesse ; l'heure est bien choisie : venez et regardez !

Dissimulé dans l'ombre, il put voir sa femme hurlant de volupté sous l'étreinte du nègre, dans un désordre de bacchante, avec une ardeur de femme folle de son corps, prostituant sa chair blanche à la peau d'ébène.

Il eut un geste de dégoût, passa sa main sur ses yeux pour ne rien voir ; puis fermant les poings de rage s'apprêta à bondir.

Une main de femme arrêta son élan. Il se sentit irrésistiblement tiré en arrière. Une voix vibrante lui adressait des paroles enfiévrées ; il reconnut l'impératrice et se souvint de son amour.

Elle ne lui laissa pas le temps de réfléchir, de se dérober ; de ses bras blancs elle lui fit un collier, où brillait l'éclat des saphirs et des rubis, et qu'il n'eut pas la force de dénouer...

Mais le lendemain, il maudit la nuit tragique qui avait vu le déshonneur de sa femme et sa propre faiblesse. Il fut le seul homme qui ait refusé d'être le favori de la sensuelle tzarine. Il donna sa démission et alla enfouir dans ses terres, en Livonie, sa honte et son chagrin...

Catherine resta jusqu'à la fin de sa vie ce qu'elle apparaît en cette monstrueuse orgie. A mesure qu'elle avançait en âge, ses amours furent de moins en moins secrètes ; elle choisit de nombreux favoris sans se soucier de leur condition, trouvant sans doute qu'elle était assez grande reine pour ennoblir ceux qu'elle distinguait.

Plus d'une fois elle eut recours à des manœuvres

occultes, tant pour s'assurer la fidélité de ses amants que pour se débarrasser de ceux qui avaient cessé de plaire, c'est ainsi qu'elle se comporta vis-à-vis de Potemkin : ce colosse, d'une extraordinaire vigueur, mourut subitement en voyage, à la suite de violentes coliques, d'une façon si mystérieuse qu'on parla de poison. La vérité : c'est que « la Sémiramis du Nord » était une Satanique recourant aussi bien à l'envoûtement de haine qu'à l'envoûtement d'amour.

CHAPITRE IX

—

Une émule de Gilles de Rais

—

Elisabeth Bathory. — Pour être belle !..
Les bains sanglants.

—

Elisabeth Bathory fut l'héroïne d'un retentissant procès de sorcellerie, qui lui assigne une place à part dans l'histoire du satanisme ; les monstrueuses atrocités auxquelles elle se livra au commencement du XVIIe siècle n'eurent d'égales que les effroyables férocités de Gilles de Rais, et plongèrent la Hongrie dans une épouvante dont le souvenir n'est pas encore effacé.

La princesse Bathory ou Battori, qui naquit vers 1560, appartenait à cette vieille et glorieuse famille, dont le nom voulait dire vaillant (bator) et qui a fourni à la Transylvanie, plusieurs princes et à la Pologne un roi, Etienne Bathory, l'oncle même d'Elisabeth. Elle épousa un grand seigneur hongrois, le comte François de Nadasty qui la laissa veuve de bonne heure.

Elle venait d'atteindre sa quarantième année lorsqu'elle commit le premier des forfaits qui la rendirent tristement célèbre, mais elle n'était pas sans avoir déjà manifesté la dureté de son cœur.

Elle vivait dans son château de Cseithe (ou Scheuta, qui s'élève sur un contrefort des Carpathes à peu de distance du Waag , et, suivant une coutume qui se conserva dans les grandes maisons jusqu'à Marie-Thérèse, elle y avait réuni quelques jeunes filles pauvres appartenant à des familles nobles ;

quand elles étaient en âge de se marier, on leur donnait une dot et on célébrait leurs noces pendant une fête qui revenait tous les ans à la même époque. Elisabeth Bathory avait ainsi autour d'elle un gracieux essaim de demoiselles d'honneur ; elle s'ingéniait à les trouver en faute pour les corriger, avec une perversité dont Catherine de Russie devait aussi donner l'exemple.

En ces occasions elle déployait vis-à-vis des coupables une rigueur qui était plus que de la sévérité et confinait à la cruauté, et le spectacle de leurs souffrances lui procurait une de ces voluptés mauvaises qui sont une des marques des Sataniques.

Elisabeth s'acharnait de préférence sur les plus jeunes et les plus jolies comme pour les punir de cette fraîcheur qui éclipsait ses charmes mûrissants et lui faisait éprouver un sentiment de mortification mêlé d'envie. Quand elle se regardait dans ses miroirs, qu'elle comptait les cheveux blancs, qu'elle cherchait les rides qui commençaient à paraître, elle ressentait une sourde irritation à la pensée de ces jeunesses insouciantes qui gravissaient la pente qu'elle-même descendait. Elle avait une peur atroce de vieillir et était obsédée par le sentiment de son impuissance à arrêter le cours des années. Comme elle les jalousait, ces filles d'honneur qui étaient l'image de ce qu'elle avait été et de ce que jamais plus elle ne pourrait être ! Elle eût donné ses châteaux pour un secret d'éternelle jeunesse. Cette pensée la hantait, elle aurait voulu arrêter la marche du temps avant qu'il n'eût imprimé ses griffes sur son visage jadis si pur et si beau.

Un jour qu'elle avait frappé l'une de ses protégées avec une brutalité plus grande qu'à l'ordinaire, le sang de la malheureuse coula et quelques gouttes sautèrent sur le visage de la comtesse. Celle-ci en s'essuyant s'imagina que la peau réapparaissait plus unie, plus douce et plus blanche dans les parties que le sang avait baignées. Cette découverte bouleversa l'imagination d'Elisabeth, elle entrevit un moyen de réaliser son rêve, de conquérir une jeunesse perpétuelle. Plus elle y réfléchissait et moins elle croyait s'être abusée : qu'y a-t-il de plus vivifiant que le sang ? n'est-ce pas lui qui charrie toutes nos énergies vitales ? n'est-ce pas de son abondance et de sa richesse que dépendent notre vigueur et notre santé ? Quoi d'étonnant alors si son contact peut rajeunir des chairs qui vieillissent ? entre un sang jeune, tout chaud, tout chargé d'esprits animaux, comme disait la science à l'époque, et les tissus qui sont soumis occasionnellement à son action, il doit se produire, comme dans l'organisme même, une véritable régénération ; un échange doit s'effectuer, qui a pour résultat de raffermir les fibres et de rendre aux chairs l'apparence de la jeunesse.

Les conséquences d'une pareille théorie étaient effrayantes ; Elisabeth les envisagea sans frémir.

Pourtant, afin de ne pas s'exposer à des cruautés inutiles, elle résolut de demander conseil à Satan, à Celui qui peut tout pour satisfaire les passions des femmes, à Celui qui leur offre généreusement les occasions de péché, à Celui qui leur donne la jeunesse, la beauté, toutes les séductions que condamne l'Eglise, l'amour, la volupté, la luxure, toutes les joies de la chair qu'elle couvre de ses anathèmes.

Tous les soirs à minuit, drapée de rouge dans sa chambre où elle avait fait brûler du datura, Elisabeth Bathory appelait Satan, dans l'espoir que sa ferveur sacrilège réussirait à l'évoquer.

— Puisque Dieu nous retire peu à peu nos charmes, disait-elle, tu dois aimer à nous les conserver, toi qui fus si orgueilleux de ta surnaturelle beauté.

Si tu l'ordonnais, le temps respecterait la nôtre, maintiendrait la fermeté de nos chairs et la perfection de nos formes, pour que nous puissions éternellement tenter l'homme et suivre les leçons que tu nous a données. C'est de toi, Satan, mon maître, que j'attends la révélation de ce secret, le plus précieux de tous ! Viens, enseigne-le moi ! je le paierai du prix que tu me demanderas !

Une nuit Satan lui apparut et lui affirma qu'elle ne s'était pas trompée, que la fontaine de Jouvence était alimentée par les flots d'un sang vermeil et que le secret de la jeunesse se puisait aux sources mêmes de la vie.

Dès cet instant, Elisabeth fut résolue à mettre en pratique l'horrible recette. Elle s'en ouvrit au nain de sa cour, Filsko, et à deux vieilles parentes qui vivaient avec elle ; tous trois consentirent à l'aider dans cette sinistre besogne.

Les demoiselles d'honneur furent sacrifiées les premières ; elles disparurent presque toutes, l'une après l'autre, à quelques semaines d'intervalle.

Les malheureuses victimes étaient enfermées dans une tour du château par les trois mégères et le nain; on les égorgeait, leur sang tout chaud était recueilli dans un pot de grès qui était remis à Elisabeth. Celle-ci, complètement dévêtue, en versait le contenu sur ses épaules, de façon à ce qu'il coulât tout le long de son corps jusqu'à ses pieds, l'enveloppant d'une pourpre liquide. Elle recrutait sans cesse de nouvelles filles d'honneur pour remplacer celles qui étaient immolées à sa démoniaque coquetterie, et les meurtres succédaient aux meurtres.

Comme le traitement ne lui semblait pas assez efficace, elle pensa que ces ablutions sanglantes étaient trop sommaires et qu'il était indispensable de prendre des bains de sang. Alors au lieu d'assassinats isolés ce furent des meurtres collectifs. La folie sanguinaire d'Elisabeth Bathory n'eut plus de frein, de même son audace ne connut plus de limites. Ce fut ainsi qu'il lui arriva d'inviter toutes les jeunes filles du pays à une grande fête et de les égorger en secret dans les caves de son château ; ce jour-là elle se baigna voluptueusement dans une baignoire emplie de sang jusqu'au bord, avec l'espoir qu'elle allait sortir de ce flot rouge, jeune comme une fiancée, radieuse comme Vénus lorsque son corps se forma de l'écume de la mer.

Cependant le châtiment était proche ; elle avait déjà mis à mort un grand nombre de victimes (on a prononcé le chiffre de 300, mais il est plus probable qu'il y en eut 80 environ), lorsqu'elle eut l'imprudence de s'attaquer à une jeune fille qui était promise en mariage. Le fiancé ne se résigna pas à accepter le mystère de cette disparition, il soudoya la domesticité du château de Cseithe, finit par pressentir la vérité et même par se faire remettre le cadavre de l'infortunée. Il se rendit aussitôt à Presbourg, se présenta au tribunal assemblé, cria sa douleur, implora vengeance. (*)

L'indignation soulevée obligea les juges à intervenir promptement malgré le rang de l'accusée (1610).

Le palatin de Hongrie, Georges Thurzo fit une descente au château de Cseithe et surprit Elisabeth et ses complices en flagrant délit. La victime qu'ils

---

(*) Le cadre de ce volume oblige à passer sous silence toutes ces dramatiques péripéties et à ne présenter ici qu'une étude sommaire ; mais l'auteur, qui s'est fortement documenté, en Hongrie même, sur cette criminelle stupéfiante et peu connue, prépare un ouvrage qui lui sera consacré sinon entièrement du moins en grande partie.

(*Note de l'éditeur*).

venaient d'égorger était encore pantelante ; elle était couchée sur une table et son sang s'écoulait dans le pot de grès qui, aussitôt rempli, était vidé dans le bain de la comtesse.

Les coupables furent livrés aux juges ; le nain eut la main droite coupée et fut brûlé vif ; les deux vieilles femmes eurent la main et la tête tranchées. Quant à Elisabeth Bathory elle fut enfermée dans un cachot où régnait une obscurité complète ; elle y languit plus de trois ans, jusqu'à sa mort, qui survint en 1614.

Les détails révélés par ce procès sont d'une atrocité révoltante.

Quand on visite la vallée du Waag, on peut voir les ruines de ce château de Cseithe qui appartint à Mathias Corvin et à l'empereur Maximilien II ; les guides montrent encore le souterrain où Elisabeth cachait les cadavres, le pot de terre où ses complices recueillaient le sang et la pièce dans laquelle ses parentes le faisaient couler sur ce corps dont la beauté lui avait inspiré un criminel orgueil.

CATHERINE DE MÉDICIS (d'après des portraits du temps). CATHERINE II

CHAPITRE X

—

Les Sataniques sous le voile

—

*Le diable dans les couvents. — Lettre d'amour d'une
religieuse à un incube. — Les cellules hantées. —
Nonnes et aumôniers. — Scènes scandaleuses dans
les couvents : les Ursulines de Loudun ; les Franciscaines de Louviers ; les possédées d'Ollioules, d'Auxonne.*

—

Les couvents sont des pépinières de Sataniques.
Cette affirmation, qui semble paradoxale, est cependant susceptible d'une explication rationnelle et les
faits la confirment pleinement.

Un excès mène par réaction à l'excès opposé ; le
mysticisme conduit au satanisme et c'est la chair
qui est le trait d'union, la chair humiliée, mortifiée,
martyrisée, qui prend sa revanche. Le jeûne, la
méditation continuelle, l'exaltation mystique ont
engendré l'incubat dans les couvents dès le moyen-
âge. « Les religieuses, écrit Bayle, attribuent à
Satan les mauvaises pensées qui leur viennent et si
elles remarquent une sorte d'opiniâtreté dans leurs
sensations, elles s'imaginent qu'il les persécute de
plus près, qu'il les obsède et enfin qu'il s'empare de
leur corps. » Le régime, les rigueurs de la règle, tout
concourt à occasionner des désordres physiques et
cérébraux ; beaucoup de saintes ont été victimes
des révoltes de leurs sens et les luttes qu'elles ont

eu à subir contre eux leur ont fait éprouver de véritables martyres.

Del Rio parle d'une certaine *Angèle de Foligno* qui était assaillie de démons brutaux qui lui inspiraient des désirs éhontés et la battaient ensuite parce qu'elle ne s'abandonnait pas aux satisfactions qu'ils en attendaient. « Il n'y avoit dans tout son corps aulcune place qui ne fust lésée par le faict des incubes, en sorte qu'elle ne pouvoit ni bouger, ni se lever de son lict. Les incubes n'en venoient pas à leurs fins, quoiqu'ils ne cessassent ni jour ni nuict de la mettre à mal. »

Comme cette folie démoniaque était contagieuse, l'existence que l'on menait dans certains couvents était inimaginable ; et même les monastères communiquaient fréquemment entre eux par des souterrains propres à faciliter ces débauches. Parmi tous les écrits du temps qui enregistrent ces mœurs dépravées nous nous contenterons d'une citation empruntée à un auteur qui ne peut-être suspecté de de partialité, à Nicolas de Clermagis, archidiacre de Bayeux :

« A propos de vierges consacrées au Seigneur, il nous faudrait retracer toutes les infamies des lieux de prostitution, toutes les ruses et l'effronterie des courtisanes, toutes les œuvres exécrables de la fornication et de l'inceste ; car, je vous jure, que sont aujourd'hui les monastères de femmes, sinon des sanctuaires consacrés, non pas au culte du vrai Dieu, mais à celui de Vénus ; sinon d'impurs réceptacles où une jeunesse effrénée s'abandonne à tous les désordres de la luxure, de telle sorte que c'est maintenant la même chose de faire prendre le voile à une jeune fille ou de l'exposer publiquement dans un endroit d'abomination ? »

Il est bien évident qu'à toute époque des relations

charnelles ont pu s'établir entre nonnes et aumôniers, entre des religieuses exaspérées par la vie
monastique et le seul homme qui pénètre auprès
d'elles et que les lois religieuses condamnent au célibat ; ces exemples ne nous intéressent pas ici à
moins qu'ils ne soient mêlés à des faits d'une nature
démoniaque. Ces derniers, à eux seuls rempliraient
d'ailleurs des volumes.

Ce qui s'observe le plus fréquemment c'est une
tendance aux commerces incubiques, qui se prononce de plus en plus et aboutit à la possession.

Qui dira les scènes étranges qu'ont vues les cellules des couvents au moyen-âge, qu'elles voient encore de nos jours ? On se fait à peine une idée de la
déroute sensuelle de ces corps vaincus dans leur
lutte contre le démon ; c'étaient des râles de désir
et de volupté, des contorsions infernales, des halè-
tements de cauchemar et des attitudes d'une impudicité éhontée. Des démons étaient tapis dans
tous les coins des cellules et livraient des assauts
furieux à ces pauvres nonnains que défendait mal
la barrière de leurs voiles. Souvent elles finissaient
par aimer leur persécuteur : Jean Wier cite de nombreux exemples de possédées correspondant avec
le démon. De son temps, une religieuse de quatorze
ans, du nom de *Gertrude*, couchait et forniquait toutes les nuits avec le Diable, qui la visitait régulièrement dans une cellule de l'abbaye de Nazareth, près
de Cologne. Il lui avait inspiré une telle passion
qu'elle lui écrivait des missives enfiévrées ; le 26
mars 1655, une descente de justice amena la découverte dans sa cellule d'une lettre d'amour adressée à
Satan où elle entrait dans les détails les plus circonstanciés et les plus extravagants sur les folles
orgies de leurs rendez-vous nocturnes.

De tout ce qui a été écrit sur la matière par les

contemporains, il ressort que ces manifestations n'étaient autres que les phénomènes d'hystéro-démonopathie que nous avons étudiés dans le chapitre de la possession. J. Boulœse rapporte, à propos de l'exorcisme de la possédée de Laon, *Nicole*, quantité de faits aujourd'hui parfaitement classés : convulsions de l'hystérie, courbure en arc de cercle, rigidité cataleptique, etc.

En 1545 on vit *Madeleine de la Croix*, abbesse d'un couvent espagnol implorer du pape Paul III l'absolution pour un commerce démoniaque qui avait duré 30 ans, depuis la nuit où âgée de 14 ans, elle avait sacrifié sa virginité « à un malin esprit en forme de Maure noir ».

C'est du dix-septième siècle que datent les plus retentissantes révélations sur le satanisme monastique. En 1611 c'est Louis Gaufredy, curé de la paroisse des Accoules à Marseille, qui est brûlé à Aix en qualité de « prince des magiciens de Constantinople à Paris » et notamment comme amant incubique de *Madeleine de la Palud*, religieuse de l'ordre des filles de Sainte-Ursule. Gaufredy était accusé d'avoir vendu son âme au diable en échange du don de se faire aimer des femmes et des filles en leur soufflant sur le front. Une des victimes de cette faculté fut la jeune Madeleine (Madôle en provençal) qui lui appartint à l'âge de 9 ans et continua à être sa maîtresse après qu'il l'eût fait entrer au couvent. Il avoua que toutes les femmes sur qui il avait soufflé lui avaient cédé sans pouvoir résister, qu'il avait possédé Madeleine chez elle, à l'église et au couvent, l'avait conduite au sabbat, l'avait initiée à de scandaleuses débauches et lui avait marqué des stigmates sur le corps.

Depuis 1631 les *Ursulines de Loudun* étaient possédées et on observait chez elles des phénomènes d'hystéro-démonopathie poussés à un extrême degré de violence.

Laubardemont, l'homme à tout faire du cardinal, vint faire une enquête qui aboutit à l'arrestation et au jugement d'Urbain Grandier (1633).

Celui-ci avait refusé d'être nommé aumônier du couvent ; les religieuses, déçues, s'étaient éprises de lui, l'évoquaient sans cesse et croyaient le voir apparaître partout. Elles prétendaient qu'il arrivait jusqu'à elles malgré les barreaux, les volets et les verrous, affirmaient qu'elles s'étaient toutes données à lui et en tiraient gloire ; sa plus ardente adoratrice était *Madeleine Bavent,* elle assurait qu'il jetait des sorts par dessus le mur du couvent sous forme de roses et d'autres fleurs dont il suffisait aux nonnes de respirer le parfum pour tomber dans une agitation infernale.

La seule chose qu'on peut reprocher à Grandier, envers qui la partialité de Laubardemont est établie, c'est son inconduite et notamment sa liaison avec la belle Madeleine de Brou, qui lui suscita tant de jaloux ; mais les diaboliques excès dont fut témoin le monastère n'en demeurent pas moins patents, et, si la participation d'Urbain Grandier doit être écartée, ils n'en montrent que mieux quelles auto-suggestions sont engendrées par l'état d'esprit et le régime de la vie cloîtrée.

Il n'y a qu'à feuilleter les dépositions du procès. La Supérieure et ses compagnes « sentirent plusieurs fois de jour et de nuict sur soy, des touchements de personnes invisibles et se trouvèrent cent fois dans l'horreur de ces visions épouvantables » .

A *dame Marthe* apparut un « maling esprit, en forme d'un homme ecclésiastique, revêtu d'un grand manteau et soutane » qui voulait lui faire prendre un livre léger et qui, sur son refus, « se teut et demeura quelque temps pleurant au pied du lit. » Elle appela une autre fille, sa voisine de lit, qui entendit ces plaintes. « En outre elle nous ont dict que tout le reste du dict mois, il ne s'étoit passé aulcune nuict qu'elles n'eussent reçeu de grands troubles, ravages et terreur, et mesme sans rien voir, elles entendoient les unes et les aultres, recevoient des coups de poing, les aultres des soufflets, les aultres se trouvoient excitées à des rires immodérés et involontaires. »

Plusieurs exorcismes furent faits pour délivrer les possédées ; chez la Supérieure ce fut particulièrement difficile : « Un aultre ordre fut donné à ce diable de la laisser en repos, ce qu'il fit avec beaucoup de vilaines vexations, hurlements, grincements de dents, dont il y eut deux de derrière cassées. »

Après quinze jonrs de répit, les persécutions recommencèrent ; la mère Supérieure possédait « cinq démons qui faisaient dans tout son corps un grand vacarme. »

Chaque fois que le père Récollet voulait les exorciser, toutes les autres religieuses et notamment la sœur Claire se mettaient à pousser des cris affreux et à faire des gestes extravagants ; il fallut pour faire partir les diables... un lavement d'eau bénite.

Il est à noter que cette supérieure, *Mlle de Belciel*, avait une imagination ardente, une nature exaltée et un tempérament anémique.

Urbain Grandier, bel homme et séduisant orateur, s'était fait une réputation qui lui avait valu nombre de bonnes fortunes. Aussi les Ursulines rêvaient-elles de lui et lui rapportaient-elles leurs cauchemars, leurs hallucinations et leurs troubles sensuels. Toutes les nuits elles étaient transportées par d'extraordinaires frénésies, leurs sens mortifiés reprenaient leurs droits ; le jour elles se livraient

LE SABBAT, DE ZIARNEO

A. Le Diable.
B. Reine de Sabbat.
C. Baptême satanique.
D. Le Festin.

E et L. Vérification des stigmates.
F et H. Rondes infernales.

G. Orchestre satanique.
I. Sorcières préparant des philtres.
K. En route pour le Sabbat.
M. Enfants battant les mares.

aux macérations et aux flagellations pour chasser les pensées impures, ce qui les préparait à en mieux ressentir les assauts la nuit suivante ; à force de ne plus vouloir penser à Grandier, elles n'avaient l'esprit occupé que de lui.

Une confrontation à laquelle procéda l'évêque de Poitiers le 23 janvier 1634 dans l'église de Sainte-Croix, entre Urbain et les neuf religieuses possédées, donna lieu aux scènes les plus scandaleuses. Les religieuses, parlant au nom du démon, accusèrent Grandier d'avoir contracté des pactes rapportés, lors de deux exorcismes, l'un par Asmodée, l'autre par Léviathan, tout cela « avec des cris et des rages, avec des désespoirs non pareils, des convulsions fort étranges et toutes différentes. »

L'évêque ayant enjoint à Grandier de les exorciser lui-même, on dut les empêcher de battre l'exorciste ; alors poussant de véritables rugissements, elles lacérèrent leurs vêtements et se vautrèrent, demi-nues, complaisamment impudiques, dans des poses d'une lubricité effroyablement obscène. Comme elles retiraient leurs pantoufles pour les lui jeter au visage : « Voilà, dit-il, les diables qui se déferrent eux-mêmes ! » On dut le leur arracher, elles l'auraient écharpé. Alors elles se roulèrent en un suprême accès, avec des hurlements furieux et des attitudes ignobles.

La *sœur Claire* était, avec la Supérieure, la plus exaltée ; elle en était venue à user de termes scandaleux et « à s'exprimer dans le langage de Sodome. » « Un jour, elle fut si fort tentée de coucher avec son grand ami, qu'elle disait être ledit Grandier, que, s'étant approchée pour recevoir la communion, elle se leva soudain et remonta dans sa chambre où, ayant été suivie par quelqu'une des sœurs, elle fut vue avec un crucifix dans la main, dont elle se préparait à faire un usage peu usité de cet emblême de piété... Dans ses convulsions elle prend les postures les plus lascives ; lorsque le démon la possède, il lui ouvre les cuisses de telle sorte que le périnée touche contre terre. »

La note gaie fut fournie par un incident comique auquel l'instruction donna lieu : à l'interrogatoire une des religieuses avait déclaré que le sieur Laubardemont était cocu, phrase qui fut insérée au procès-verbal ; et Laubardemont, sans le lire, signa gravement au dessous : « Ce que j'atteste estre vray. »

Les religieuses eurent beau se rétracter, Urbain Grandier, poursuivi par la haine de Richelieu, fut brûlé le 18 août 1534 ; le feu ayant été mis prématurément au bûcher, il fut brûlé vif, car le bourreau n'eut pas le temps de l'étrangler auparavant, comme il le faisait d'habitude.

Le plus curieux c'est que les exorcistes qui succédèrent à Grandier, après sa mort, le Père Tranquille et le Père Surin, furent la proie des démons auxquels ils s'attaquaient.

« Le Père Tranquille, écrit le Père Surin, fut vexé par ceux qu'il conjurait ; ils criaient, juraient par sa bouche, le renversaient rudement, lui faisaient tirer la langue en sifflant comme un serpent et faire mille contorsions extraordinaires. Le jour de sa mort, le religieux qui le veillait entendit un tintamarre infernal dans l'infirmerie, lequel eût fait fuir les moins résolus. Le Père Tranquille mourut à 34 ans et pendant qu'on l'administrait l'esprit malin qui le possédait le quitta pour entrer dans le corps d'un excellent religieux qui était présent et qui fut possédé depuis. »

Cet excellent religieux n'était autre que le Père Surin, qui continue ainsi, parlant de sa propre possession : « Ce furent les tentations d'impuretés pendant un an ; durant la Semaine Sainte il fut horriblement vexé et le Vendredi Saint commença à se livrer à des transports qui épouvantèrent tout le monde... Il était contraint de se mordre les mains, de se mettre à genoux, de faire des cabrioles. Il éprouvait tous ces tourments lorsqu'il se trouvait en présence des religieuses. »

Cette dernière phrase donne à penser qu'il faut voir là l'effet que produisaient sur les bons Pères la vue des contorsions, de la nudidité et de la rayonnante impudicité des Ursulines, le spectacle de l'érotomanie de la Supérieure et du grand écart de la sœur Claire.

Les faits analogues à ceux-ci sont nombreux : c'est ainsi qu'en 1643 les *Franciscaines de Louviers* étaient possédées et qu'il fallut les exorciser ; plusieurs furent condamnées à mort ; celle qui joua le principal rôle dans cette affaire fut Sœur Marie qui, pendant sa captivité, se confessa, et ainsi que Madeleine Bavent, laissa par écrit de curieux détails sur certains sabbats où elle s'était rencontrée avec des clercs d'église*. Un vacarme assourdissant remplissait le couvent ; des soufflets étaient reçus dans l'ombre, des lumières s'éteignaient, des religieuses étaient enlevées par leurs cordelières.

Le Père Esprit prouva qu'il ne pouvait y avoir dans ces phénomènes de simples effets de l'imagination :

---

* Je donnerai ces documents dans un ouvrage dont le titre n'est pas arrêté encore et auquel je mets la dernière main pour répondre aux désirs d'un grand nombre de lecteurs qui m'ont écrit après lecture de mes précédents travaux sur ces questions.

R. B.

« Rien n'est plus réel que les étranges mouvements de contorsions, ces suspensions des sens
plus effrayantes encore ; ces plis et replis monstrueux, ces corps soutenus en l'air tant de fois, une
si longue maladie qui n'est suivie ni d'incommo-
dité, ni de lassitude. Qui vit une fille parler la
langue hors de la bouche et, dans l'état de faiblesse,
rompre les cordes et le fer ? Qui vit jamais les cail-
loux ne point blesser, une jambe devenir comme
une colonne torse parce qu'on y avait relégué le
démon ?... »

Plusieurs médecins étudièrent ces manifestations
où l'on retrouve tous les phénomènes extraordinaires qu'on peut obtenir de sujets plongés en catale-
psie ou en hypnose.

« La dernière, écrit le docteur Ese, qui était sœur
Marie du Saint-Esprit, prétendue possédée par Da-
gon, grande fille et de belle taille un peu plus
maigre, mais sans mauvais teint ni aucune sorte de
maladie entra dans le réfectoire... le visage droit,
sans arrêter les yeux et les tournant d'un costé et
d'autre, chantant, sautant, dansant et frappant dou-
cement, qui l'un, qui l'autre, et en suite en se pro-
menant tousjours, parla en termes très élégants et
significatifs du contentement qu'il avait (parlant de
la personne du diable) de sa condition et de l'excel-
lence de sa nature... et disait tout cela en marchant
avec une contenance arrogante, et le geste semblable ; ensuite il commença à entrer en furie et prononcer quantité de blasphèmes, puis se prit à parler
de sa petite Magdelaine, sa bonne amie, sa mignonne
et sa première maîtresse, et de là se lança dans un
panneau de vitre la teste la première sans sauter et
sans faire aucun effort, le traversa, se tenant à une
barre de fer qui faisait le milieu, et rentrant par le
même chemin quand on lui en fit commandement

en latin... et aussitost qu'elle fut revenue les médecins l'ayant considérée, touchée le poulx et fait
tirer la langue, ce qu'elle permit en raillant et
parlant d'autre chose, ils ne lui trouvèrent ny esmo-
tion telle qu'ils avaient cru devoir estre, ny autre
disposition conforme à la violence de tout ce qu'elle
avait fait et dit. »

Le monde ecclésiastique et le monde médical
s'occupèrent aussi beaucoup des *Ursulines* possédées d'Auxonne, qui présentaient les mêmes facultés extraordinaires : insensibilité partielle ou
générale, dislocation, régidité des membres, équili-
bres allant contre toutes les lois de la nature, obéis-
sance aux suggestions, etc...

Ce dernier point surtout avait frappé les contemporains : « l'intelligence de la pensée et des com-
mandements intérieurs qui leur sont faits tous
les jours par les exorcistes et les prestres, sans que
cette pensée soit manifestée au dehors ou par le
discours ou par aucun signe extérieur. »

En 1730, au couvent d'Ollioules, des aventures
analogues aux précédentes entraînèrent la condamnation du jésuite Girard et de sa maîtresse, *Catherine Cadière.*

On pourrait citer indéfiniment des faits de ce
genre jusqu'au cas de *Cantianille*, cette religieuse
d'un couvent du Mont-Saint-Michel, qui, à quinze
ans, près d'Auxerre, avait été violée par un prêtre
et vouée par lui au diable (1865).

Que de fois, si l'on soulevait le voile d'une religieuse, on verrait poindre au-dessus des cheveux
courts, deux petites cornes d'allure satanique !

CHAPITRE XI

Prêtresses de Messes Noires

Le Culte du Très-Bas. — Sacrifices d'enfants. — Le Voisin, ses complices et ses clientes. — Une Favorite royale, autel vivant. — La grande maîtresse de la maçonnerie égyptienne.

La messe noire, telle qu'elle se célébrait au milieu du dix-septième siècle, datait du quinzième.

Les femmes de la bourgeoisie et de l'aristocratie avaient pris l'habitude de se faire dire des messes à rebours en prêtant leur corps comme autel ; pendant la cérémonie sacrilège, la sorcière chez laquelle elles s'étaient rendues préparait des philtres ou des pâtes conjuratoires qui, bénies dans ces conditions, possédaient la vertu de ramener les amants volages, de faire mourir les parents à succession ou les maris gênants.

Aux pratiques d'empoisonnement vinrent bientôt s'ajouter des manœuvres abortives ; la Voisin, la Vigoureux, la Bosse étaient moins sorcières qu'avorteuses et empoisonneuses ; elles rendaient aux femmes riches d'inappréciables services que celles-ci rémunéraient largement.

Les messes Sataniques étaient célébrées par des prêtres impies : les abbés Brigallier, aumônier de la Grande Mademoiselle ; Bouchot, confesseur des religieuses de la Saussaye ; Dulong, chanoine de Notre-Dame; Dulaurens, vicaire de Saint-Leu ; Du-

Dans le Temple de Priape.

bousquet, Seysson, Dussis, Lempérier, Lepreux ; Davot, vicaire de Notre-Dame de Bonne-Nouvelle; Mariette, vicaire de Saint-Séverin ; Lemeignan, vicaire de Saint-Eustache ; Tournet, l'évêque Gille Lefranc et surtout cet infâme abbé Guibourg, bâtard de Montmorency.

La Reynie fait de ce dernier un portrait sinistre:

« Cet homme qui ne peut-être comparé à aucun autre sur le nombre des empoisonnements, sur le commerce du poison et des maléfices, sur les sacrilèges et les impiétés, connaissant et étant connu de tout ce qu'il y a de scélérats, convaincu d'un grand nombre de crimes horribles et soupçonné d'avoir eu part à beaucoup d'autres, cet homme qui a égorgé et sacrifié plusieurs enfants, qui, outre les sacrilèges dont il est coutumier, confesse des abominations qu'on ne peut concevoir. »

L'abbé Guibourg avait eu plusieurs enfants de ses maîtresses, la Fleurette, la Jeanneton, nièce du bourreau, et la Chanfrein, avec laquelle il cohabita et qui lui servit souvent d'autel infâme ; il noyait ces innocents, les étranglait ou bien les abandonnait à la Chanfrein, qui les vendait pour des messes noires au prix d'un écu.

Le plus souvent ce qu'on allait demander à ces devineresses, c'était la connaissance de l'avenir et la découverte des trésors, toutes révélations qu'on espérait obtenir du démon par la contrainte qu'exerçaient sur lui certains sortilèges.

Souvent, le cérémonial était le suivant : une femme sur le point d'accoucher, d'habitude une prostituée, était étendue au milieu d'un cercle tracé sur le parquet et jalonné par des chandelles noires. Dès que l'enfant naissait, la mère l'abandonnait et le vouait au démon. Le prêtre prononçait des invocations obscènes et sacrilèges et égorgeait l'enfant, d'ordinaire à l'écart pour éviter une suprême révolte de la mère, parfois cependant en présence de celle-ci. Les victimes du sacrilège infernal se recrutaient aussi parmi les enfants abandonnés ; les sages-femmes en procuraient également un grand nombre, fruits d'accouchements clandestins. Le petit être était d'abord baptisé, puis mis à mort, enfin brûlé dans un four ou enfoui dans un jardin ou un bois.

Les détails ont été connus par les interrogatoires du procès monstre qui se déroula en 1679-1680 devant la Chambre Ardente (246 inculpés ; des condamnations aux galères, à l'exil, à la prison perpétuelle et 36 à mort). Lesage a déclaré que « Touret, prêtre, avait dit des messes dans la cave de la maison et qu'il y avait eu sacrifice d'enfants ; il y avait une fille de 14 ans environ dont on avait donné l'âme au diable pour obliger les esprits à paraître. Guibourg et Touret avaient dit des messes dans cette cave sur le ventre d'une Napolitaine. »

« Les messes, lit-on encore dans la déposition de Lesage, se disaient sur le ventre de femmes nues, sur une table servant d'autel et, ayant les bras étendus elles tenaient à chaque main un cierge allumé pendant tout le temps de la messe et de cela il y a vingt ans ».

La Filastre a avoué un sacrilège qu'elle avait commis à l'instigation de la Simon :

« Elle me fit asseoir au bord d'un cercle, me disant que les esprits étaient en dedans ; il y avait autour des bougies allumées et elle en tenait une noire à la main. La Simon dit qu'une des bougies était pour Lucifer, une autre pour un autre diable, et ainsi des autres ; on l'obligea à renoncer au baptême et à l'église, puis on lui donna une conjuration écrite par Lépreux, prêtre. » Le jeudi saint, elle assista à une autre messe secrète. « Je répondais à cette messe où Cotton consacra une hostie, en fit l'élévation et invoqua les trois princes des démons en paroles mystérieuses. Ensuite, il emporta l'hostie consacrée. » La Filastre a aussi avoué « que lors de son accouchement un prêtre avait dit la messe sur son arrière faix » et que « la Dufayet avait fait faire d'étranges choses par Lépreux en disant la messe, c'est-à-dire consacré des couleuvres pour le secret d'amour. »

La plupart du temps le prêtre, au moment de la consécration, copulait avec la femme dont le corps servait d'autel, pour augmenter l'efficacité des incantations. Lesage a raconté que l'abbé Davot mettait sous le corporal et sous le calice un billet dans lequel était demandée la mort d'une personne, que Davot disait la messe, chez la Voisin, sur le ventre d'une fille avec laquelle il accomplissait l'acte charnel pendant l'office, « et qu'en disant la messe il avait baisé ses parties honteuses et qu'il n'était pas le seul qui fît de si abominables choses et que Gérard, prêtre Saint-Sauveur, ami de Davot, avait de même dit la messe sur le ventre de la fille d'un marchand de la rue Saint-Denis qu'il avait débauchée et à laquelle il faisait accroire, en faisant la cérémonie et des conjurations sur son ventre, qu'elle ne deviendrait point grosse. »

De toutes les empoisonneuses du grand siècle, c'est Catherine Deshayes, veuve de Montvoisin et dite la Voisin, qui présente la plus originale figure. Très adroite et de beaucoup de caractère, belle, instruite, Mme Voisin s'entendit merveilleusement à exploiter ses contemporains ; avec l'argent qu'elle gagnait par son absence de scrupules, elle montait des entreprises fructueuses et s'entendait aux affaires comme aux plaisirs.

Elle avait conquis de haute lutte le titre de « Devineresse », que La Fontaine lui reconnaît :

> Une femme, à Paris, faisait la pythonisse,
> On l'allait consulter sur chaque événement ;
> Perdait-on un chiffon, avait-on un amant,
> Un mari vivant trop au gré de son épouse,
> Une mère fâcheuse, une femme jalouse,
> Chez la devineresse on courait
> Pour se faire annoncer ce que l'on désirait.

La Bruyère, dans ses « Caractères », la dépeint sous le nom de « Canidie, qui a de si beaux secrets, qui promet aux jeunes femmes des secondes noces et qui en dit le temps et les circonstances. » Elle faisait parler les cartes, le marc de café, les entrailles de bêtes, le tableau noir et le miroir magique, et surtout elle procurait aux gens un poison infaillible, qu'on appelait « poudre de succession ». Aussi dans son hôtel de la rue Beauregard recevait-elle les confidences de tout ce qui portait un nom dans la magistrature, la noblesse, l'armée ; elle amassa une fortune considérable. Elle était aidée par de sérieux auxiliaires : ses amants, le bel Italien Romani et le Normand Lesage ; la Trianon, cette hermaphrodite pour laquelle elle eut une passion ; des sages-femmes, la Caillet, la Lepère, la Desporte, la Thomas. Elle eut aussi pour amants successivement les deux bourreaux de Paris, M. Guillaume et M. Larivière, qui lui apportaient de la graisse de pendu pour la confection des cierges noirs.

Des carrosses qui se pressaient à sa porte, rue de Beauregard, descendaient de belles dames, le plus souvent masquées : les duchesses de Bouillon et de Vitry, la comtesse de Montmorency-Boutteville, qui venaient chercher des poudres de succession ; la princesse de Tinguy qui achetait des philtres d'amour ; Mme de Dreux qui venait se faire avorter, Mme de Saint-Martin, la marquise de Brinvilliers, qui devait empoisonner avec art une partie de sa famille ; Mme de Polignac, les comtesses de Roure et de Soissons (Olympe Mancini) qui venaient comploter contre la duchesse de Lavallière pour obtenir l'amour du roi.

Pour dresser la liste de ses clientes, il faudrait citer toutes celles qui furent plus ou moins compromises au cours de ce scandaleux procès, c'est-à-dire toute l'aristocratie du royaume ; car des hommes aussi venaient chez la Voisin : des prélats, des officiers, des financiers, des joueurs, pour avoir des honneurs, de la gloire, de l'argent.

Toutes les femmes qui fréquentaient chez la Voisin ne s'y livraient pas à l'orgie satanique ; c'était le grand jeu cela ; ça coûtait cher et devait produire de gros résultats. Des bourgeoises venaient, retroussant timidement leurs jupes au-dessus du ventre, et de grandes dames, offrant dans une belle impudeur leur nudité païenne. A la fin de la messe, que Lesage avait servie en guise d'enfant de chœur, l'officiant plaçait l'hostie dans le calice d'amour de la femme et consommait la cérémonie infernale par un sacrifice charnel dans lequel la luxure se doublait d'un monstrueux sacrilège.

L'histoire a conservé le nom de ces grandes dames, qui se nomment MMmes d'Argenson, de Bouillon, de Luxembourg, de Vendôme, de Saint-Pont, et surtout la belle Athénaïs, l'héritière de « l'esprit des Mortemart », l'altière marquise de Montespan, l'impérieuse favorite dont l'insolence humiliait ses rivales et dédaignait la Reine.

Le rapport de M. de la Reynie au roi a établi « que dès 1667 Mme de Montespan était entre les mains de la Voisin qui était déjà travaillée par Mariette à faire quelques conjurations pour [elle, pour parvenir aux bonnes grâces du roi, et quelque chose contre Mme de la Vallière, et fait passer quelques poudres sous le calice et pour l'amour par Mariette et autres prêtres. »

Ce fut d'abord la demoiselle des Œillets, suivante de la marquise, qui s'occupa des premiers maléfices. Elle assista chez la Voisin à une messe dite par l'abbé Guibourg, à l'intention d'un charme dirigé contre le roi ; elle y récita une conjuration ; mais comme il fallait du sperme des deux sexes et que la confidente avait ses époques, celle-ci versa dans le calice du sang menstruel ; puis Guibourg, passant dans la ruelle avec un homme qui l'avait accompagnée (probablement lord Buckingham), y ajouta du sperme de cet étranger. La pâte fut complétée avec de la poudre de sang de chauve-souris et de la farine ; le prêtre récita sur elle la conjuration et la retira du calice pour la donner à la des Œillets qui l'emporta dans un petit vase ; tel fut le premier mélange absorbé par Louis XIV.

Comme le charme ne semblait pas agir, « Mariette et Lesage se rendirent à Saint-Germain au commencement de 1668 et, entres choses, étant dans ce château au logement qu'occupait Mme de Thiange, (sœur de Mme de Montespan), Mariette, revêtu de son surplis et ayant son étole, avait fait quelques aspersions d'eau bénite et dit l'évangile des rois sur la tête de Mme de Montespan, pendant que Lesage faisait des fumigations et brûlait de l'encens, et pendant que la marquise récitait une conjuration que les deux prêtres lui avaient donnée par écrit. Elle leur remit deux cœurs de pigeons ; dans la chapelle de Saint-Séverin, Mariette dit sur ces deux cœurs une messe à laquelle assista Mme de Montespan. »

Cette dernière conjuration se renouvela plusieurs fois avec des sortilèges pour faire mourir la duchesse de la Vallière.

Des maléfices analogues furent dirigés contre Mlle de Fontanges dont la passagère mais brillante faveur portait ombrage à l'ambitieuse marquise, qui alla jusqu'à demander à l'enfer la mort de la reine elle-même. Souvent la Voisin fit brûler des fagots en disant : « Fagot, je te brûle ; ce n'est pas toi que je brûle, c'est le corps, l'âme, l'esprit, le cœur et l'entendement de Louis de Bourbon, afin qu'il n'ait à aller ni à venir, reposer ni dormir, qu'il n'ait accompli la volonté de Mme de Montespan. »

Malgré ces cérémonies, et bien qu'elle portât sur soi pour des sortilèges particuliers, une petite boîte de vermeil contenant les deux cœurs de pigeons, une hostie consacrée, la conjuration écrite et l'évangile des rois, la favorite n'atteignait pas au but désiré ; elle dut renoncer aux offices de Mariette pour ceux de l'abbé Guibourg et se résigner à prêter son beau corps pour trois messes noires.

La première fut dite au château de Villebousin, près de Montlhéry, la deuxième, quinze jours plus tard dans une bicoque abandonnée, près de Saint-Denis.

Enfin c'est rue de Beauregard, dans la maison même de la Voisin, à deux pas de l'église Notre-Dame-des-Bonnes-Nouvelles, qu'est célébrée la troisième messe noire.

Margot, la Trianon, la Chanfrein, la Voisin et sa fille Marguerite s'occupent activement des derniers préparatifs pour l'office satanique de cette nuit dans le pavillon, au fond du jardin ; Lesage vient de terminer le mystère de la quarantaine qui précède l'infernale cérémonie :

— Satan, je vous offre cet holocauste en attendant,

comme je vous le promets, qu'il vous soit offert par la main du prêtre.

La Chanfrein a livré un enfant ; Romani, amant de la devineresse, allume le four et le bourreau est venu hier apporter de la graisse de pendu. Quant à Mme Voisin, elle a rangé dans sa cassette les cent mille livres qui lui ont été comptées ; la somme est ronde ; mais celle qui l'a versée l'a déjà donnée et la donnera encore, car elle se nomme la marquise de Montespan et elle exige beaucoup.

La favorite veut retenir le roi sous son charme, pourtant puissant ; et elle demande la mort de ses rivales ; sur la foi des brillantes destinées que lui a annoncées la devineresse et auxquelles d'ailleurs elle a toujours cru, elle a résolu de monter sur le trône de France, et pour que l'ambitieuse Athénaïs puisse vivre son rêve, il faut que la reine meure et que le roi l'épouse.

Mme Voisin, qui a fait toutes ces prédictions, se charge de les réaliser, car la mort obéit à ses philtres aussi bien que l'amour.

La nuit est tombée, l'heure solennelle approche, un prêtre s'est glissé par une porte dérobée et est allé se mettre en prière dans le pavillon réservé aux rites impurs.

Quant à Catherine Voisin, elle a revêtu son costume de gala, sa merveilleuse robe de velours vert d'eau, ornée de point de France, qui a coûté 15.000 livres (75.000 francs aujourd'hui), son riche manteau de velours cramoisi doublé de fourrures rares parsemées de deux cents abeilles d'or à deux têtes, et ses souliers blancs également brodés d'aigles en or.

Elle a éloigné tous ceux qui l'aident d'habitude en ces cérémonies ; car la marquise ne veut pas de témoins indiscrets ; c'est la première fois qu'elle

Une messe noire rue de Beauregard (Page 196)

L'ABBÉ GUIBOURG   LA MARQUISE DE MONTESPAN   LA VOISIN

vient rue de Beauregard, il importe de ne pas l'effaroucher.

La voici !... Malgré le masque parfumé qui cache son visage, Catherine la reconnaît à son port altier, à sa taille de déesse, à ses épaules merveilleuses ; une de ses suivantes, Mlle des Œillets, l'accompagne.

Sans lui laisser le temps de réfléchir, la Voisin l'entraîne vers le pavillon mystérieux. La Montespan ne peut s'empêcher de frémir, car elle connaît le rite de la messe noire ; elle a déjà consenti à faire de son corps l'autel de Satan, mais c'était chez elle ou dans une masure déserte, tandis qu'ici...

Mme Voisin l'introduit dans une petite pièce où Mlle des Œillets retire les vêtements et les parures de sa maîtresse, dont l'esprit est résolu, mais dont la chair nacrée frissonne malgré elle.

— Du courage, Madame la marquise ! murmure la devineresse.

Au moment de quitter les derniers voiles qui drapent sa superbe nudité, la favorite a une hésitation. La Voisin, à qui ce mouvement n'a pas échappé, intervient :

— Vous le savez, pour le pacte tout-puissant que vous voulez conclure avec les esprits des ténèbres, il ne faut rien omettre.

— Rien ?

— C'est toute nue qu'il faudra vous étendre sur le drap noir...

— Et le sang de l'enfant coulera sur moi ? interroge la marquise avec une angoisse dans la voix.

La Voisin réplique galamment :

— On croira voir des rubis sur ce marbre aimé du roi.

— Vous me faites frémir, dit encore Mme de Montespan ; jamais je n'oserai.

Avec un accent prophétique qui persuade et transporte sa noble cliente, la devineresse continue :

— Vous songerez au trône de France... vous croirez que c'est le sang de votre rivale qui tombe tout chaud sur vous...Allons, n'imitez pas ces bourgeoises qui osent à peine relever leurs jupes ; faites royalement à Satan l'offrande de votre incomparable et radieuse nudité !

La marquise de Montespan, qui l'a écoutée avec attention, fait un geste décisif qui exprime un consentement absolu ; elle demande tout ce que peut souhaiter une femme : l'amour, la puissance et la vengeance ; elle veut être belle joueuse, elle offrira tout et c'est Satan qui sera en reste avec elle...

La voilà complètement dévêtue c'est une divine statue de chair, c'est Aphrodite elle-même prête à accomplir quelque mystère sacré. Ses longs cheveux d'or fauve et de soie fluide coulent en cascade jusqu'à ses cuisses marmoréennes ; leur fond somptueux met en valeur la ligne impeccable du cou bien attaché, des épaules arrondies, de la taille souple et des hanches voluptueuses.

Catherine Voisin, qui vient de la pièce contigüe, a ouvert la porte et fait un signe.

La marquise distingue l'autel où sont posés trois crânes, où se dressent des branches de laurier dans des vases de cristal. Un drap noir sert de fond, coupé d'une croix blanche renversée ; des cierges noirs sont allumés dans de hauts lampadaires et le prêtre dont elle ne voit que le dos, la chasuble brodée de pommes de pin en argent, fait brûler dans des cassolettes de la jusquiame, de la myrrhe, du datura, qui remplissent la pièce de leurs odeurs sataniques.

Une seconde Mme de Montespan s'arrêtée sur le seuil de la porte, puis elle s'avance la tête haute, le visage impassible toujours dissimulé par le loup de velours, les seins éblouissants orgueilleusement dressés. La Voisin conduit la favorite jusqu'à l'autel, qui est formé d'une table basse surmontée d'un matelas et recouverte d'un drap noir à franges d'argent. D'elle-même la blonde Athénaïs s'étend sur l'autel, le ventre offert (car la mode régit même les rites diaboliques et l'on dit maintenant sur le ventre l'office qui, au moyen âge, se célébrait sur les reins).

— Souvenez-vous que c'est la première marche du trône, lui murmure la devineresse.

— Retenir Louis !... perdre Fontanges !.., être reine ! répète à voix basse la marquise.

— Vous allez devenir déesse, promet la Voisin.

Et le corps harmonieux, aux formes pleines, d'une blancheur d'albâtre, s'étend sur le drap sombre qui le fait paraître resplendissant ; un coussin de velours noir placé sur une chaise soutient la tête et le flot doré des cheveux ; les jambes pendent l'une d'un côté, l'autre de l'autre ; les bras sont étendus en croix et dans chaque main la femme tient un chandelier d'argent.

Le silence est profond, les lumières vacillantes des cierges, les fumées rutilantes qui s'échappent des brûle-parfums éclairent la pièce de lueurs fantastiques et font miroiter les contours arrondis du corps dévêtu ; pas d'autres bruits que la cire noire qui grésille en se consumant... et le cœur de la hautaine favorite qui bat à grands coups sourds, soulevant les globes épanouis des seins et les roses immaculées de la poitrine blanche.

Maintenant on distingue le glissement d'un pas ouaté, d'un pas d'église ; c'est le prêtre qui dispose une croix sur le coussin neigeux de la gorge, et plus bas, sur le ventre impudiquement offert, un calice d'or qui recouvre une toile fine et un parchemin portant les vœux de la postulante. La scène est étrange et belle et l'on se demande quel rite mystérieux va s'accomplir sur ce corps qui semble celui d'une idole et qui sert d'autel vivant.

Tout à coup, dans le silence, s'élève la voix du prêtre, monotone, sans timbre, ardente et rauque, comme il sied pour les incantations. Et ce sont d'infâmes litanies qui se chuchotent dans ce décor satanique, et auxquelles répond la voix lointaine de la Voisin... Une sonnette tinte dans la main de la devineresse ; la messe noire commence, et le prêtre, mettant un genou en terre, pose sa lèvre sacrilège sur le corps merveilleux qui frémit ; par trois fois sa bouche se met en contact avec le satin de l'autel vivant et effleure le Christ d'ivoire, moins blanc que les cuisses charnues.

— Au nom d'Astaroth, Asmodée, Belzébuth...

— Gloire à toi, Lucifer.

— J'entrerai à l'autel du prince des Ténèbres.

— Qui réjouit notre jeunesse et satisfait nos convoitises.

Et l'office se déroule blasphématoire en une parodie minutieuse et impie.

Les lèvres de la grande dame ont remué imperceptiblement : elle a chuchoté encore une fois de toute son âme, de toute la force de sa haine et de son ambition.

— Malédiction sur Lui, s'il me délaisse ! Malheur sur elle, ma rivale !... m'asseoir sur le trône de France !

Et c'est tout ; sa volonté tendue est la plus forte ; l'émoi du corps est dompté ; c'est à peine si la poitrine se soulève en une vague lente comme la caresse d'une mer lasse, et le calice demeure immobile au sommet de cette courbe divine que dessine le corps de la maîtresse royale.

Plus rien ne vit en elle que le regard concentré, résolu, indomptable, qui darde par les trous du velours noir deux rayons bleus et va fouiller le visage du prêtre. L'énigme vivante du masque examine l'abbé Guibourg, la haute taille, un peu courbée, qui passe et repasse, hallucinante, dans l'atmosphère satanique de la pièce ; puis détaille le visage sensuel du sexagénaire, son teint vif, ses joues pleines, son nez aquilin, sa bouche charnue, son front vaste sous la couronne de cheveux blancs et, derrière les lunettes, le regard louche de son père, Henri II de Montmorency.

Le moment de la consécration approche : Guibourg mélange dans le calice la cendre d'un enfant brûlé dans le four et les fragments d'une hostie émiettée. Il ne manque plus qu'un peu de sang innocent pour fondre entre eux les ingrédients et former la pâte conjuratoire. Mlle des Œillets survient et passe à l'abbé l'enfant que vient de lui remettre la Chanfrein. Le prêtre élève au-dessus du corps le petit être qui pousse des cris de terreur.

— Notre Seigneur Jésus-Christ appelait à lui les petits enfants ; je suis son prêtre et je sacrifie celui-ci pour qu'il aille s'unir à toi et que tu m'accordes ce que je te demande.

Avec un canif il fait une incision dans le cou de la victime ; les cris s'arrêtent, la tête penche, le sang jaillit, tachant de pourpre l'albâtre palpitant de l'impudique statue.

Athénaïs domine sa répulsion à ce contact tiède ; ses mains se crispent sur les flambeaux, ses dents se serrent dans un grincement comme en ont les damnés et elle pâlit sous son masque.

Impassible, Guibourg regarde le sang qui coule et attend que le calice soit rempli.

Alors il remet le petit cadavre chaud et potelé à la devineresse ; la porte du four s'ouvre, mettant une seconde des reflets d'incendie sur le corps laiteux et dans les cheveux ardents, puis le brasier se referme sur la dépouille de l'innocente créature.

Le prêtre procède à la consécration, il plonge deux doigts dans le calice et répand du sang sur l'autel.

— Ceci est mon corps... ceci est mon sang.

Il boit à l'infâme mélange.

La Voisin présente un Evangile renversé ; Guibourg récite l'Evangile de saint Jean, travesti selon le rite manichéen :

— Et caro verbum facta est.

Enfin il déploie le parchemin qui était sous le calice et le lit d'une voix assurée, pendant qu'Athénaïs redit dans son esprit les phrases qu'elle sait par cœur pour se les être souvent répétées :

— « Moi, Françoise Athénaïs de Rochechouart, née Mortemart, marquise de Montespan, je demande l'amour du Roy et l'amitié du Dauphin ; que le Roy ne voie et n'aime que moi ! qu'il m'appelle à ses conseils et que je sache ce qui s'y passe ! que tout ce qui lui vient de moi lui soit agréable ! qu'il quitte sa table et son lit ! qu'il abandonne Fontanges et qu'elle meure ! que la reine soit stérile et qu'il la répudie ! Et que le roi m'épouse à la face de l'Europe ! »

— Ite missa est.

— Gloria tibi, Lucifero.

Et la messe se termine sans que l'officiant communie avec l'autel dans un sacrilège charnel ; car pas plus qu'on ne touche à la Reine, on ne doit — à moins d'être Lauzun — toucher à la favorite qui aspire à la remplacer et qui déjà est plus qu'elle... Le prêtre sexagénaire a été choisi parce qu'avec lui cette suprême pratique du rituel satanique demeurera un vain simulacre et que la tentation ne saurait l'entraîner à commettre un outrage de lèse-majesté.

Maintenant, aidée de Mlle des Œillets, la marquise se rhabille, fiévreuse, tressaillant au moindre bruit, impatiente de rejoindre le carosse qui l'attend à la porte Saint-Denis, et cachant dans son corsage la pâte conjuratoire qu'elle fera prendre au roi.

La suivante a relevé sur son front altier la masse onduleuse de ses beaux cheveux, et, dans les boucles d'or, dans les « fontanges » frisées, il semble déjà à l'ambitieuse favorite qu'elle sent le poids, léger pour elle, de la couronne de France...

Dans quelques mois la duchesse de Fontanges mourra, à vingt ans... comme si elle avait eu trop d'esprit, raillera une dernière fois son implacable rivale — blessée au service du Roy, précisera Mme de Sévigné.

Les menées de la Voisin durèrent jusqu'au jour où elles furent révélées à la police par un billet anonyme dans le confessionnal de l'église Saint-Antoine (à moins que ce ne fût par des paroles imprudentes échappées à la Vigoureux en état d'ivresse). Des arrestations en masse furent opérées parmi les complices et les clients de la Voisin, englobant de grands seigneurs et de grandes dames et *l'affaire des Poisons* prit bientôt des proportions telles que Louis XIV se trouva contraint de suspendre les séances de la *Chambre Ardente*, tribunal d'exception qui siégeait à l'Arsenal dans une salle tendue de noir et éclairée de nombreuses bougies, et qui prononçait de fréquentes condamnations au bûcher ; elles ne reprirent, sur les instances de La Reynie, qu'après que le roi eut fait détruire toutes les pièces du dossier qui chargeaient la mère de ses enfants. La Voisin fut condamnée à être brûlée vive le 22 février 1680 ; elle avait sacrifié 2000 enfants.

Cette répression ne fit cependant pas disparaître la pratique de ces messes impies. M. d'Argenson relate qu'en 1695 « *Marianne Chamillon*, âgée de 22 ans, fille de Chamillon, praticien à Paris et de Mme Quemeville, à présent pénitente volontaire à Sainte-Pélagie, a dit en présence de la Supérieure et d'un commissaire au Châtelet, qu'elle a été séduite et corrompue par J. B. Sébault, sous-diacre du diocèse de Bourges, qui demeurait chez son père et dont elle a eu deux enfants qui vivent encore, qu'il y a deux ans que le nommé Sébault lui proposa de faire pacte avec le diable et la mena pour cela dans le caveau d'une maison située aux environs de Paris, où devaient se faire l'invocation, l'apparition et la conclusion ; qu'elle a été six fois différentes dans le caveau même et que l'on y disait la messe entre minuit et une heure ; que la première fois une fille mendiante âgée de 13 ans y ayant été conduite, mourut de peur et fut enterrée avec ses habits, tant par le sous-diacre Sébault que par le nommé Guignard, curé de Notre-Dame de Bourges et par un autre particulier ; que Guignard y disait la messe en habits sacerdotaux, qu'il la célébra une fois sur le corps de la repentante, nue, sans chemise, et que le sous-diacre Sébault, qui était nu aussi bien qu'elle, répondait à la messe. Chaque fois que l'autel devait être baisé, selon le rituel, Guignard embrassait le corps de la fille Chamillon, et l'hostie était consacrée sur ses parties sexuelles, insérée à moitié dans la fente vulvaire. La messe finie, Sébault la voyait charnellement et Guignard faisait de même avec une femme Lefebvre présente. Ensuite Sébault trempait ses mains dans le calice, lavait ses parties sexuelles et celles de la femme. Ensuite de quoi, Guignard mettait le reste du calice dans une petite fiole qu'il emportait avec lui. »

Vers la fin du XVIII° siècle, la femme de Cagliostro célébra des cérémonies, qui, sans être analogues aux précédentes, offrent cependant avec le culte satanique certains points de contact ; c'est pourquoi nous ne ferons que les mentionner sans exposer des détails assez curieux, mais qui seront mieux à leur place dans un autre ouvrage.

Mme Cagliostro, qui s'était sacrée grande maîtresse de la maçonnerie égyptienne, avait fondé à Paris une sorte d'école où elle se proposait d'enseigner la science hermétique, les rites de la magie, les secrets orientaux, les mystères d'Isis et d'Anubis.

Une duchesse recruta 36 adeptes ; la cérémonie d'initiation, qui se déroula dans une vaste propriété de la rue Verte, au faubourg Saint-Honoré, le 7 août 1785, fut assez bizarre. Les 36 postulantes furent vêtues de tuniques blanches, et partagées en six groupes distingués par la couleur des ceintures, enchaînées par les chevilles et par les poignets, puis mises toutes nues ; la fête commença par des symboles de revendications féministes pour se terminer par une orgie où l'on apprit aux récipiendaires « le baiser de l'Amitié et l'abjuration d'un sexe trompeur. »

Au siècle suivant, la messe noire reparaît, mais elle ne revêt plus la forme traditionnelle ; les immolations d'enfants ne sont plus possibles ; la messe noire, quand elle se célèbre, n'est plus qu'une parodie blasphématoire, curieusement teintée d'un mysticisme obscène et s'achevant dans d'immondes débauches ; c'est qu'aussi la foi a diminué ; l'exaltation satanique n'est possible que dans les siècles de foi ; pour honorer Satan, il faut croire à Dieu ; pour profaner une hostie il faut admettre le dogme de la présence réelle. Au XVI°, au XVII° siècles, et pendant tout le moyen-âge la foi était vive ; on pactisait avec l'enfer pour le plaisir ou les avantages qu'on pouvait en tirer dans cette vie, mais on redoutait la damnation dans l'autre monde ; on raisonnait à la façon de Gilles de Rais, qui ménageait à la fois le Très Haut et le Très Bas, qui voulait bien obéir au Démon en tout, mais non lui vendre son âme. En ces siècles plus d'une femme a gardé la même arrière-pensée ; beaucoup demandaient à l'enfer la satisfaction de leurs passions, se disant qu'au moment de la mort un acte de contrition les réconcilierait avec le ciel. Elles signaient des billets à échoir fin existence avec l'idée d'en esquiver le paiement ; Eve escroquait Satan !

CHAPITRE XII

—

Le mouvement satanique actuel

—

L'évolution du satanisme. — Dessous insoupçonnés

—

Des considérations qui terminent le chapitre précédent il ne faut pas conclure qu'il n'y a pas de mouvement satanique contemporain. Il existe un culte démoniaque pratiqué ou par des sectes isolées ou par des associations régulièrement constituées, sous la direction d'un pape noir, (les vols persistants et fréquents d'hosties en sont d'ailleurs la preuve indiscutable), mais sourtout, — et c'est le seul point qui nous occupe ici — il reste encore des femmes auxquelles on peut décerner le titre de Sataniques ; et je ne parle pas seulement de ces créatures perverses et superstitieuses, dont la débauche s'estompe d'un mysticisme équivoque. Je songe à une femme qui a hérité des secrets occultes et de l'indiscutable puissance des sorcières, et qui *peut* plus que celles-ci parce qu'elle *sait* davantage. Et cette femme n'est pas un mythe, elle vit, et vous pouvez l'avoir rencontrée, sans vous en douter... Non, pourtant ! ces derniers mots sont inexacts ; il est des gens très observateurs qui, par moments, soupçonnent chez elle quelque chose d'insolite ; les autres ne devinent rien, *parce qu'elle ne veut pas être pressentie*, et c'est une de ses grandes forces de traverser ainsi l'existence sans laisser émaner d'elle le moindre effluve qui puisse donner l'éveil. Ce qu'elle a accompli tient du miracle et elle aurait pu

faire plus, si elle avait voulu ; bref, avec ses dons
naturels, ses facultés exceptionnelles, sa science
spéciale, elle est, de beaucoup, la plus grande Satanique de notre époque. Or, ses merveilleuses facultés sont tournées vers le bien, quoique ses moyens
d'action relèvent du satanisme et de ce qu'on pourrait appeler la magie, si la superstition et le charla-
tanisme n'avaient pas déformé ce mot. Même quand
elle supprime une existence par des moyens occultes, aussi insaisissables qu'infaillibles, elle le fait
pour éviter un plus grand mal, dans un intérêt su-
périeur de justice ou d'humanité ; ce qui la décide
à intervenir ce n'est ni la passion ni l'intérêt, mais
seulement un idéal très élevé, surhumain. Satanique ? Oui, si l'on veut, et nulle ne fait, comme elle,
comprendre que l'ange déchu reste toujours un
ange, qu'il est beau, mais d'une beauté fatale, an-
goissante...

De quelque nom qu'on la désigne on est bien
obligé de reconnaître que sa science est extraordinaire, son pouvoir réel. D'où lui viennent-ils ? Nous
l'avons demandé au seul homme qui la connaisse,
si tant est qu'on puisse connaître une pareille
sphynge.

Lui ?... Un docteur ès-sciences occultes, passion-
nément adonné à la Science Suprême, versé non
seulement dans ces connaissances mystérieuses,
mais aussi — ce qui est plus malaisé — dans leurs
applications. Au moral, une nature d'exception, un
caractère solidement trempé, un jugement sûr et
net, un cerveau équilibré, ayant depuis longtemps
dompté ses nerfs et capable de concentrer, d'accu-
muler sa force psychique, jusqu'au moment de la
projeter pour une de ces réalisations qui tiennent
du prodige. Au physique, un homme jeune encore,
énigmatique, dont le masque rasé est caractéristi-

que et dont l'abord déconcerte par une froideur pénible et une absolue maîtrise de soi-même. Son nom ? Appelons-le le professeur Mektoub.

Mais si intéressant que puisse être ce personnage, nous ne l'aurions pas nommé ici sans les nécessités d'une documentation minutieuse et inédite. Tout ce que nous allons révéler, touchant la plus grande Satanique contemporaine, nous vient de lui et c'est la meilleure garantie d'authenticité qu'on puisse souhaiter ; il n'y a rien dans ce qui va suivre qui ne soit scrupuleusement exact, réellement vécu ; les témoins de ces diverses aventures le reconnaîtront.

C'est grâce au professeur que nous avons pu produire les curieuses photographies hors texte qui concernent notre étrange héroïne ; il a été extrêmement difficile de se les procurer ; les unes ont été faites par surprise, les autres... empruntées sans autorisation de leur propriétaire.

On s'en rend compte d'ailleurs aisément : les premières sont extraites de documents dont il a fallu supprimer une partie, les secondes ont été obtenues avec un appareil instantané, dans de mauvaises conditions d'éclairage, ce qui explique leur exécution imparfaite et une absence complète de retouches ; enfin toutes ont été masquées par nos soins, avant leur reproduction phototypique, pour des raisons justifiées par le caractère de cette personnalité.

Nous n'avons du reste pas à craindre que notre informateur nous reproche de l'avoir mis en scène ou d'avoir abusé de ses renseignements : car c'est lui-même qui a rédigé le chapitre qu'on va lire.

Nous passons donc la plume au professeur Mektoub.

On reconnaîtra dans son style cette abondance

d'images poétiques et de métaphores pittoresques qui caractérise le génie des langues orientales ; mais on ne pourra s'empêcher d'être pénétré par la sincérité qui émane de ce chapitre ; il a toute la couleur des choses vues, toute la persuasion des choses vraies.

CHAPITRE XIII

—

Une grande Satanique contemporaine

—

Les serpents de la Comtesse Fœdia. — Double vie. —
Le pouvoir fatal. — Une grande dame chez Satan.

—

C'est au Vernissage du Salon de 1901 que j'ai été présenté à la Comtesse Fœdia. Comme tout le monde, je fus frappé par sa rare beauté.

De taille moyenne, elle paraissait grande à cause de la souplesse d'une taille flexible comme une liane, onduleuse comme la vague qui vient mourir sur le rivage ; sa mise était très simple, mais élégante dans cette sobriété voulue, qui est la suprême coquetterie des femmes divinement faites ; le velours somptueux, dont le tissu est caressant à l'œil autant que la brise du soir sur le front, et dont les plis lourds donnent tant de majesté au corps qu'ils drapent, moulait strictement une silhouette impeccable, et nul ajustement superflu ne venait détruire l'harmonie de cette ligne merveilleuse. Sa distinction était extrême ; et ce qui attirait de loin l'attention, c'était une démarche unique, et que la nature ne départit guère à la créature humaine : un glissement aisé, mais sans rien de tortueux, suivant au contraire son chemin tout droit, comme une flèche, et en même temps cette ondulation caractéristique du rein qui trahit la vigoureuse souplesse des grands fauves ; force, confiance en soi, énergie, netteté et persuasion enveloppante, il y avait de tout cela dans cette allure souveraine, et c'eût été assez pour faire distinguer cette femme entre mille, ainsi qu'un diamant de Golconde dans une poignée de sable argenté. Mais ce n'était pas tout, car le visage, librement offert sans voilette, n'était pas moins admirable que ce corps qui se laissait deviner : une de ces têtes petites, qui affirment si incontestablement la race ; un teint mat, même un peu pâle, couleur d'un morceau d'ambre exposé au reflet de la lune ; des traits fins, délicats, et pourtant très nets dans leurs contours doux ; une expression hautaine et mélancolique ; et — seul détail amusant dans cette physionomie grave — un grain de beauté, assez impertinent, au-dessus de la lèvre droite. Le sourire était très rare, mais quand il paraissait, il transformait tout le visage, l'illuminant comme un rayon de soleil qui se glisse dans la profondeur d'un sous-bois ; mais cet effet charmant était fugitif, on avait à peine eu le temps de l'admirer qu'il n'était déjà plus ; à ces moments tout souriait en elle, tout exprimait la bienveillance et la tendresse, tandis qu'au coin retroussé de la lèvre folâtrait le grain de beauté, petite chose joyeuse qui paraissait tombée par erreur sur ce visage sévère. La plus grande beauté de cette face énigmatique, calme comme un lac paisible que n'agite aucune vague mais dont la limpide profondeur semble infinie et peuplée de mystères, c'était les yeux, des yeux immenses, emplis de vie et de pensée, miroirs translucides sur lesquels on distinguait comme le reflet de l'âme qui se serait penchée sur eux ; il était impossible de définir leur nuance, ils n'en avaient pas ou ils les avaient toutes ; chaque fois que je les ai observés, je les ai trouvés différents, tour à tour gris, marrons, bleutés, verts, tout à fait noirs ou bruns et pailletés d'or ; c'était à croire que les impressions qu'elle ne manifestait pas au dehors, les états d'âme dont la trace n'était pas visible sur son visage fermé, s'imprimaient là, au fond de ces prunelles expressives, modifiant sans cesse ce regard étrange et prenant.

Autant que je pus m'en rendre compte à la faveur de cette présentation banale, au cours de cette rencontre brève en présence de tiers, dans la cohue d'un jour de vernissage, la comtesse Fœdia me parut une énigme captivante, particulièrement intéressante pour moi et dont l'étude ne pourrait qu'être profitable à mes travaux. Le portrait que je viens de tracer d'elle aurait pu être fait par tout observateur sagace ; mais il y avait en elle autre chose, d'inaccessible pour les profanes, et que j'avais parfaitement senti.

Je m'explique. Mes contemporains, surtout ceux qui habitent la vieille Europe, sont des gens qui se dépensent beaucoup et ne se doutent même pas de cette projection irrégulière d'influx nerveux qu'ils font au hasard, dans tous les sens ; qu'ils regardent ou qu'ils fassent des gestes, qu'ils parlent ou se laissent aller au caprice de leurs pensées frivoles, c'est une déperdition constante des forces les plus précieuses qui sont en nous, un gaspillage inconscient et inutile ; ils s'éparpillent, s'éparpillent..., comme un sac de blé qui aurait des trous de tous les côtés et laisserait fuir sans cesse son contenu. Il en résulte qu'incapables d'un effort suivi, d'une concentration nécessaire ou d'une extériorisation calculée, ils sont à la merci de toutes les influences qui les environnent ; pour un homme rompu comme moi à certaines études, il est extrêmement facile de pénétrer jusqu'au plus intime de leur être, d'acquérir la connaissance de leur valeur intellectuelle et morale, et de s'emparer de leur volonté ; c'est aussi aisé qu'il l'est à un professionnel de la lutte ou du fleuret, d'avoir raison d'un adversaire ignorant tout, attaques, feintes, parades et ripostes. Chez la comtesse Fœdia rien de tel : pas de folles dépenses extérieures, rien que des irradiations voulues, calculées, mesurées et dirigées ; je le sentis tout de suite ; quand je voulus percer l'énigme de sa nature, je me heurtai à ce mur d'airain, que nous connaissons bien, nous autres, que nous ne rencontrons pas chez nos semblables, mais dans lequel nous savons nous enfermer quand nous voulons qu'ils ne puissent rien sur nous. Or, je n'avais aucune prise sur cette comtesse-là. Prédisposition innée ou mise en pratique de connaissances occultes ?

C'était l'un ou l'autre et de toutes façons intéressant : la première hypothèse me fournissait un sujet d'études nullement négligeable, la seconde m'ouvrait de vastes horizons sur la culture et le passé d'une femme qui sortait de l'ordinaire.

Je résolus de pousser aussi loin que possible mes investigations. Ce jour-là je la suivis, m'assurai qu'elle habitait une demeure écartée, d'un accès difficile au fond de plusieurs corps de bâtiments.

Je sus bientôt qu'elle ne recevait personne et qu'elle vivait entourée d'une vieille servante russe et d'une jeune négresse, dévouées jusqu'au fanatisme. Je me décidai à lui écrire, exposant que je voulais la voir poussé uniquement par une curiosité à la fois artistique et savante et nullement par une arrière-pensée amoureuse.

Elle répondit en m'indiquant les heures où elle pouvait me recevoir ; je m'y rendis, sans trop de précipitation pourtant, de façon à laisser passer la période où ma visite ne pouvait la surprendre ; je tenais à pénétrer dans cet intérieur de façon un peu inattendue.

Je la trouvai toute vêtue de blanc ; ses bras, nus jusqu'au coude étaient d'une blancheur nacrée que ne faisait pas prévoir la matité ambrée de son visage ; ils étaient enfermés dans les spirales de serpents d'or dont les yeux était formés d'émeraudes ou de rubis.

L'ameublement de la pièce où elle se tenait formait à sa beauté un cadre pittoresque avec lequel elle s'harmonisait ; je remarquai dès l'entrée des plantes contournées, bizarres, ayant toutes des propriétés ou un renom mystérieux, des animaux, les uns empaillés, les autres en poterie de Vallauris, et qui étaient uniquement des crapauds, des chats, des serpents, des salamandres et des lézards ; cet intérieur avait quelque chose de satanique, mais rien qui rappelât les antres de sorcières, car tous ces bibelots étaient d'un choix artistique et un goût sûr avait présidé à leur arrangement.

Comme je n'avais pu me défendre, en face de cette femme absolument belle, d'une réelle émotion, souvenir de l'époque peu lointaine encore, mais abolie, où je me mêlais à la vie du siècle, elle fixa tout de suite les limites que ne devait pas franchir notre intimité.

Elle déclara qu'elle m'avait reçu parce qu'elle m'avait senti sincère ; je demandai l'explication de ce mot « senti » ; elle se contenta d'affirmer que c'était le terme propre, qu'elle avait senti ma sincérité, au sens le plus concret du mot. Elle ajouta, avec une franchise aussi éloignée de la pruderie que de la coquetterie, qu'elle avait été, elle aussi, attirée vers moi, que des liens d'amitié s'étaient noués dès notre première rencontre, qu'ils se resserraient étroitement, à condition que je ne voulusse jamais passer du terrain solide d'une affectueuse sympathie sur le sol mouvant de l'amour. Entre deux êtres comme nous, pensait-elle, cette utopie de l'amitié sans amour entre un homme et une femme devait pouvoir se réaliser.

Je la rassurai en quelques mots : la meilleure garantie que j'eusse à lui offrir c'était la réserve absolue à laquelle je m'étais voué et qu'exigeaient certaines études spéciales, certains travaux ardus ; j'avais besoin de ne rien perdre de ma force psychique dans les impulsions désordonnées de sens que je m'appliquais à dompter.

Elle eut un sourire joyeux, un peu complice ; j'avais eu raison de lui parler franchement, de ne pas lui faire mystère de mes tendances, ni de mes occupations ; elle m'avoua qu'elle comprenait toute la portée de cette garantie, parce que nous étions en quelque sorte confrères, et cette communauté de goûts fortifia entre nous l'attraction sympathique née du premier regard.

Naturellement nous avons causé de nos chères études et nous nous sommes dit ce que peuvent se communiquer des gens qui parlent le même langage et qui n'ont que rarement occasion de trouver quelqu'un qui puisse les comprendre.

Quand je la quittai, je n'avais rien découvert de précis sur son compte, mais je savais qu'elle s'intéressait aux hautes études qui me passionnent et je lui avais reconnu une intelligence capable de les suivre très loin. J'étais déjà à même de répondre à une des deux questions que je m'étais posées : oui, cette femme-là savait ! Était-elle douée ? je l'ignorais toujours ; mais, si cela était, elle avait sûrement à son service une puissance redoutable.

Lorsque je pris congé, elle me tendit une main dont la fraîcheur me surprit, m'impressionna ; elle avait une peau très fraîche, plus que fraîche : froide, d'une froideur glaciale et pénétrante, une froideur de serpent.

Je revins plusieurs fois chez la comtesse Fœdia, attiré autant par une sympathie qui grandissait que par une curiosité qui n'était point encore satisfaite ; il eut été vraiment trop incorrect de chercher à provoquer des confidences qui ne venaient pas toutes seules. Le froid singulier que j'avais ressenti à ma première visite ne pouvait être attribué à un malaise passager, à l'approche de quelque accès de fièvre ; il persistait, et j'éprouvais toujours au contact de sa main, dont l'étreinte était si franche, si loyale, une sensation singulière qui évoquait le souvenir obsédant des succubes, des démones, des fiancées infernales.

Un jour qu'elle avait été obligée de sortir un peu avant l'heure où je devais venir, elle m'avait laissé un mot qui me priait de l'excuser et de l'attendre. Je mis à profit l'occasion offerte.

La négresse me témoignait cette sympathie instinctive et naïve qu'éprouvent les animaux pour les amis sincères de leurs maîtres ; j'en abusai. Je m'arrangeai de façon à fortifier encore la confiance qu'elle avait en moi, à lui faire bien sentir que mon dévouement était égal au sien, et je la fis parler. Oh ! la pauvre fille ne fut même pas coupable d'indiscrétion ; car j'avais essayé sur elle certain regard qui décide plus sûrement qu'une tentative de corruption. Bribes par bribes, j'arrachai ce secret, et à travers ses explications simplistes, ses révélations incomplètes, j'arrivai à discerner le véritable sens des faits, à reconstituer le passé.

Je démêlai que la comtesse Fœdia, alors qu'elle était toute jeune femme, avait subi un envoûtement de la part d'un égoïste sans scrupules, qui lui avait fait commettre un crime ; il avait voulu l'obliger à servir ses intérêts ; alors elle s'était révoltée et avait repris possession de soi-même ; depuis elle le poursuivait d'une vengeance lente, patiente, implacable, qui n'avait jamais désarmé et semblait le but de toute sa vie.

Il y avait là de quoi me laisser rêveur ; si ces actes violents n'étaient pas incompatibles avec son énergie, ils l'étaient avec son caractère ; elle était bonne, foncièrement bonne ; comment cela ne l'avait-il pas retenue autrefois ? ou bien cette bonté actuelle n'était elle qu'une expiation du passé ?

Je méditais ainsi sur ces révélations lorsqu'elle rentra ; et comme elle me demanda à quoi je pensais, je ne le lui cachai pas.

— Ah ! vous savez ! fit-elle.

— Oh ! bien peu de chose ; voici d'ailleurs ce que je crois savoir.

En quelques mots je le lui dis. Elle m'écouta attentivement, et quand j'eus fini :

— Ce n'est là, dit-elle, qu'une partie de la vérité ; je vais vous la faire connaître en entier ; c'est d'ailleurs une confession que vous auriez pu me demander au nom de notre amitié ; ne sommes nous pas résolus à mettre en commun notre expérience, décidés à travailler désormais ensemble ?

Elle se rapprocha de moi et commença en me fixant dans les yeux :

— Il faut d'abord vous dire que je suis double ; il y a deux femmes en moi, deux âmes dans la même enveloppe charnelle ; j'ai eu toute jeune, presque enfant, cette intuition, d'abord vague, puis qui s'est précisée, que j'ai raisonnée et qui est aujourd'hui une conviction formelle. Il y a donc deux êtres en moi, l'un qui est bon, l'autre mauvais.

Depuis que je m'analyse je reconnais leurs influences et leurs conseils ; que de fois il m'est venu des idées qui, l'instant d'après, me déconcertaient, me révoltaient, me semblaient venir d'une autre, tant je me sentais incapable de les avoir conçues !

Dans ces moments-là, je méconnais les fondements de la morale à laquelle je suis attachée ; je ne suis plus moi, je suis l'autre, vous dis-je, et cette autre m'épouvante. Il m'est venu souvent à l'idée que ma mère aurait dû mettre au monde deux jumelles, et qu'il ne s'était formé qu'un corps : un double corps astral dans une enveloppe unique ; quelque chose comme une Rosa-Josépha qui aurait non seulement un seul bassin commun aux deux jumelles, mais tout l'organisme. Dites-moi, un tel phénomène n'est-il pas possible ?

— Il me semble, répondis-je, qu'il peut s'expliquer par cet antagonisme qui existe en chacun de nous entre les impulsions violentes, passionnées, mauvaises de l'instinct et les conseils modérateurs de la conscience. La conscience, n'est-ce pas, c'est la voix même de notre être intime, qui s'efforce de nous diriger suivant l'idéal d'une morale éternelle et que, la plupart du temps, nous n'écoutons pas, nous n'entendons même pas. Vous, qui êtes servie par une organisation nerveuse exceptionnelle, vous entendez et si nettement, si distinctement que vous croyez à la présence en vous d'une seconde individualité.

— Non, non, j'ai pesé toutes ces objections et je les ai abandonnées ; vous dites cela parce que vous ne savez pas tout ; vous allez voir. Comme vous l'avez compris, j'ai été victime d'un être qui a exploité certaines prédispositions naturelles. Ce fut un véritable envoûtement ; et, sous cette influence néfaste je commis un acte que la loi qualifie crime.

— Et qui n'en est pas un, puisque vous étiez privée de votre libre arbitre, inconsciente.

— Nullement, j'agissais en pleine connaissance et nullement à l'état d'hypnose. Cet envoûtement — je ne trouve pas d'autre mot — avait eu pour effet de faire dominer chez moi l'être mauvais au détriment du bon. Et c'est l'être mauvais qui prompt à obéir aux désirs de ce génie maudit a voulu, préparé, exécuté le crime et en demeure responsable.

Elle se tut et reprit :

— Ce n'était que le premier pas sur le chemin sanglant où voulait m'engager celui que j'appelle mon mauvais génie. Il aurait voulu me plier à ses volontés, me forcer à servir par tous les moyens les desseins inavouables d'une ambition effrénée ; je me révoltai'ou plus exactement la créature bonne, saine et droite se révolta contre l'autre, la méchante, la cruelle, la criminelle. Cette lutte se traduisit par une crise terrible qui me rendit folle... Car j'ai été folle ; c'est le nom que la science a donné à l'apparence extérieure de ce combat intime et elle ne pouvait en donner d'autre... Folle ! ... du reste il y avait de quoi, par ailleurs !

Alors les poings aux tempes, les yeux fixes, elle me fit brièvement, en phrases hachées, d'une voix rauque, une douloureuse confession. Elle avait souffert... aimé... ce qui était sa vie avait sombré dans une de ces catastrophes qui creusent sous les pas d'une femme vibrante un gouffre de folie. Pourtant elle avait résisté, comme un vaisseau qui sort d'une tempête furieuse, désemparé, sans mâture, mais entier encore, capable de rentrer au port sans couler. Elle s'était guérie, mais un ennemi invisible la poursuivait, s'acharnait à elle, la ruinant, la dépouillant d'une fortune immobilière considérable. Elle prit le parti de fuir, de disparaître, de se refaire une existence nouvelle. Il lui restait des bijoux princiers, d'une valeur énorme ; elle les vendit, voyagea pour oublier. Puis l'idée lui vint d'utiliser pour elle cette puissance dont un autre avait abusé ;

pour cela il fallait apprendre le moyen de s'en rendre maîtresse ; et après, quand elle saurait manier ces armes terribles, elle se vengerait. A
l'exécution de ce plan elle apporta une énergie indomptable ; elle s'embarqua pour les Indes afin de
pénétrer ces arcanes de la science hermétique que
les prêtres de là-bas possèdent dans leur intégrité.
Elle séjourna dans ce pays qui est le berceau de
l'humanité et qui conserve les mystérieux secrets
de la science universelle, de la science suprême :
celle qui connaît les lois fatales, grandioses et simples, qui président à la vie, à la mort, aux rapports
de l'âme et du corps, au jeu de toutes les forces
occultes de l'être et de la nature. Elle vécut longtemps dans ces temples millénaires et y acquit, à
force d'étude et de volonté, ces secrets terribles,
dont les détenteurs ont une puissance formidable,
irrésistible, qui en font des dieux.

Elle y mena une vie spéciale, aussi nécessaire à
ceux qui pénètrent dans ce domaine fermé que le
cheval à quiconque veut apprendre l'équitation.
Elle s'appliqua à tuer son cœur et à se dominer,
soutenue par cette double pensée : assurer le prédominance de l'être bon et devenir assez puissante
pour se venger enfin.

— J'étais servie, conclut-elle par mes dons naturels et notamment par cette étrange dualité. C'est
ainsi que je suis parvenue plus vite que quiconque
à établir des communications télépathiques et à
lire dans la pensée. Je possède une faculté très
douloureuse, celle de discerner sûrement le mensonge de la vérité ; lorsqu'on énonce devant moi
une affirmation, je sens à coup sûr si elle est véridique ou fausse; au cas où elle est mensongère j'en suis
prévenue par un indice intime, une sorte de petite
commotion intérieure qui m'avertit de ne pas

croire. Oh ! si vous saviez, mon ami, comme c'est triste d'avoir la certitude qu'on vous ment, alors que la voix, le geste, la physionomie, le regard, tout se ligue pour vous jouer !

Elle disait tout celà avec un pli amer au coin des lèvres, d'un ton désabusé que voilait une poignante mélancolie ; on sentait qu'elle avait envie de pleurer, mais rien, pas même la plus petite larme ne venait embuer ses prunelles songeuses. Je l'avais déjà remarqué un peu avant, alors qu'elle me confiait des douleurs terribles, des chagrins infinis, que tout en elle criait la désespérance d'un cœur en détresse mortellement blessé ; ses yeux étaient restés absolument secs et pourtant c'était une vraie femme, délicate et tendre. d'une sensibilité exquise. Je ne pus m'empêcher de voir là une ressemblance nouvelle avec les sorcières du moyen-âge à qui était refusé le don des larmes qui apaisent, soulagent et consolent, rosée bienfaisante qui vivifie la fragile fleur de l'âme humaine.

— A vous, conclut-elle, je n'ai pas besoin d'expliquer ce que je puis faire, vous le comprenez maintenant ; qu'il me suffise de vous dire que je suis arrivée presque à la perfection. Je peux hypnotiser même à distance sans le secours de passes, par la seule suggestion mentale ; je peux envoûter, je peux tuer, ressusciter en donnant de ma vie... Mais, en dehors de ce qui est ma vengeance, je ne veux utiliser cette fatale puissance que pour le Juste, le Bien, le Vrai ; et je me suis rendu compte que c'est parce que je suis bonne que j'ai tant d'influence et tant de pouvoir. La Bonté et la Vérité, voyez-vous, sont deux grandes forces, elles créent des courants irrésistibles.

En réponse à une question qui m'était venue aux lèvres, elle voulut bien ajouter :

— Comment l'envoûtement se concilie avec cette thèse ? D'abord je n'envoûte que dans un but élevé, pour une fin dernière utile à un individu ou à une collectivité, par exemple pour accomplir un acte de justice immanente ou détourner une catastrophe. Enfin quand j'exécute l'action décisive, quand je lance le suprême maléfice, c'est la partie mauvaise de ma double nature qui agit ; mon être mauvais ne manifeste plus ses tendances que sur l'ordre de l'autre, mais il lui obéit avec joie, de sorte que, grâce à ce dédoublement, je dispose d'un instrument merveilleux, comme personne n'en a peut-être.

Je ne demandai rien de plus ce jour là, le sphynx avait parlé ; je connaissais le mot de l'énigme, le reste pouvait se deviner.

Les autres confidences vinrent sans effort, peu à peu. La comtessse Fœdia a accompli des choses qui m'ont stupéfié ; et pourtant je savais que de pareils prodiges étaient réalisables, puisque je les avais vus en Orient ; mais je ne croyais pas qu'il fût possible de les reproduire en Europe, à Paris, dans le chaos de nos existences fièvreuses ; mais aussi, il faut dire que cette créature n'est pas une femme comme les autres. Elle m'attirait de plus en plus ; nombreux sont les exemples qu'elle m'a cités ; en voici un qui peint fidèlement cette Satanique toute spéciale :

Elle s'intéressait à une famille de petits commerçants, qui travaillaient courageusement pour élever une nombreuse famille accrue d'une sœur et d'une grand'mère, l'une sans ressources, l'autre vieille et infirme. Le mari, sur le tard, s'éprit d'une femme qui lui soutira pièces par pièces plus d'argent qu'il n'en pouvait donner. Les affaires commencèrent à péricliter ; la femme ne lâchait pas sa proie, elle enveloppait l'homme de ses flatteries, le subjuguait ; il se livra à des prodigalités qui, dans sa situation, étaient d'irrémédiables folies. Bientôt ce fut la faillite, puis la misère.

Ils se remirent courageusement au travail, mais trop petitement pour faire vivre les leurs ; le peu qu'ils avaient arraché au désastre prit petit à petit le chemin du Mont-de-Piété, et les enfants s'assirent avec des figures hâves autour de la table vide. Alors il leur tomba un petit héritage, bien peu de chose, mais de quoi se défendre contre l'adversité, élargir un peu le nouveau commerce qu'ils avaient entrepris et où ils s'éreintaient pour n'arriver qu'à mourir de faim. Mais la maîtresse le sut, reparut, reprit l'homme dans ses filets. De nouveau l'argent partit au dehors par grosses sommes puisées dans cette réserve providentielle, qui, de cet instant, diminua, diminua...

Ce fut alors que se produisit l'intervention de la comtesse Fœdia. Elle pouvait détacher l'homme de sa maîtresse, la lui faire oublier ; elle s'y employa et commença à agir efficacement sur son esprit. Mais elle était mal secondée par l'épouse qui n'eut pas l'inaltérable patience nécessaire à ces manœuvres occultes ; celle-ci ne sut pas surmonter sa colère, son indignation ; au lieu d'être une alliée, elle fut un obstacle et détruisit tout ce qui était fait.

Cette fois la situation était épouvantable et paraissait sans issue ; c'étaient les petites sommes amassées quotidiennement qui étaient prélevées pour celle qui les exigeait impérieusement ; de nouveau le spectre de la misère et de la faim se dressait, et cette fois sans espoir, sans rémission possible. Le dénouement était proche et ne pouvait qu'être tragique ; que ferait le mari quand, ayant consommé la ruine des siens, il se verrait abandonné par le vampire aux doigts crochus ? Et l'épouse qui parlait déjà de divorcer (solution impossible d'ailleurs) n'allait-elle pas, dans un accès de désespoir, jouer du revolver ou allumer un réchaud ? De toutes façons c'était la misère noire, le drame et les enfants sacrifiés.

La comtesse usa d'un moyen radical, le seul qui lui restât : la maîtresse du mari eut un accident de voiture, qui paraissait n'avoir occasionné que des contusions insignifiantes. Or au bout de quelques jours, à la surprise de l'entourage, à la stupéfaction du médecin, l'état empira d'une façon étrange, inexplicable et la mort survint, déjouant toutes les hypothèses et tous les traitements. Fœdia venait de sauver une famille.

Il s'en faut que de pareils faits soient une exception dans l'existence de la comtesse ; elle m'en a indiqué d'autres et je m'en suis fait raconter quelques uns par la négresse un jour où j'eus de nouveau l'occasion de l'interroger ; elle m'exposa divers événement auxquels elle avait assisté et où je reconnus sans peine l'intervention de Fœdia. Des confidences de la négresse il ressortait que le désintéressement de sa maîtresse en toutes circonstances était absolu ; d'ailleurs c'était bien ainsi que je l'avais jugée; Fœdia n'est pas une femme à entreprendre ou à abandonner quoi que ce soit pour l'argent.

Ce jour-là, je ne me bornai pas à faire causer la domestique noire. Depuis longtemps j'avais envie de posséder une photograhie de ma singulière amie. Il y avait, couvrant tout un panneau de la pièce où elle me recevait, un magnifique portrait qui avait toute l'apparence d'une peinture ayant figuré à une exposition. Fœdia y était représentée en toilette de bal, dans le décor d'une loge de l'Opéra ; elle étalait, hors d'un fourreau sombre un décolletage audacieux et superbe ; la tête, placée de profil, montrait bien toute la délicatesse de ses lignes ; les fameux serpents d'or s'enroulaient autour de ses bras admirables et de son cou délicat. Je m'étais muni d'un appareil photographique portatif facile à dissimuler ; dans le court instant où la servante me laissa seul pour aller ouvrir à sa maîtresse, je pris un cliché de ce portrait, (c'est celui qui figure page 201) ; il n'était pas excellent ; l'éclairage était mauvais et la mise au point, hâtivement faite, ne m'avait pas donné le bras en entier ; malgré ses imperfections il me fut précieux.

Je fréquentai mon amie de plus en plus assidûment et je ne tardai pas à faire une constatation dont l'étrangeté s'ajoutait à celle de mes remarques précédentes. Sans motif, au cours d'une conversation, elle se renversait tout à coup, un peu pâle, les yeux mis-clos et, détail singulier, entre ses lèvres passait un son étrange qui tenait du sifflement adouci et du cri étouffé ; cela arrivait souvent ; j'ai longtemps cherché en vain l'explication de cette anomalie.

A quelque temps de là, j'eus occasion de prendre un instantané plus intéressant encore que le premier et dans des conditions qui méritent d'être rapportées. J'avais devancé l'heure d'une visite pour laquelle nous n'avions pris qu'un vague rendez-vous, et la négresse, par suite d'ordres sans doute mal compris, m'introduisit et me laissa, comme d'habitude, traverser une pièce pour aller à la rencontre de Fœdia.

Elle n'était point dans le salon où elle avait coutume de se tenir, mais j'entendis une incantation, lente comme une mélopée, et dans laquelle je reconnus des mots d'hindoustani. Je commis l'indiscrétion de pousser une porte entrebaillée et, dans la pénombre d'un cabinet de travail, recueilli derrière les rideaux tirés, j'aperçus, à quelque distance, Fœdia debout en face de moi, nue jusqu'à la ceinture. Elle ne me voyait pas, car son visage était levé et sa main posée sur ses yeux comme pour en diriger le regard haut et loin. Je ne pris pas le temps de me demander si elle lançait quelques sortilèges ou si elle conversait, par de là mers et continents, avec quelque Yoghi des temples hindous ; je la regardai.

Je n'avais pas encore soupçonné, malgré le charme irradiant, toute la splendeur de cette femme ; son corps, aux admirables proportions, était d'une blancheur pareille à celle d'un arum immaculé qui érigeait, tout près, son pistil jaune hors du calice neigeux. Une lueur bizarre, surnaturelle, éclairait les contours parfaits, et je me demandais, complètement, médusé, si ce flamboiement provenait de la chair nue ; le travail de notre corps astral dégage ainsi des effluves, l'effort de la pensée fait paraître un nimbe autour du front, mais ces manifestations fluidiques ne sont pas visibles pour un observateur à l'état de veille. Et pourtant ces lueurs ne pouvaient avoir une autre origine, car il n'y avait d'éclairage nulle part. Sans doute je survenais en plein dégagement conscient. Mais bien d'autres sujets requéraient mon attention : outre les serpents d'or de ses bras, j'en voyais un autre, un vivant, grand, de couleurs vives, aux écailles miroitantes, qui glissait dans l'une de ses mains, entourait son corps, jouait autour de ses bras et faisait d'elle une admirable Salammbô.

Mais j'avais mieux à faire que de m'attarder à cette contemplation ; j'avais avec moi mon appareil photographique, je pressai le déclic. Ce fut ainsi que je me procurai le document qui figure page 236; hélas ! la photographie ne pouvait rendre le blanc intense de ce marbre animé, quand même j'aurais opéré dans de meilleures conditions.

Je me retirai, mais elle avait senti ma présence,

car elle ne tarda pas à reparaître, vêtue d'une tunique blanche ; je lui avouai ma curiosité ; elle ne m'en tint pas rigueur ; elle consentit même à ajouter :

— Je vois que mon serpent vous a surprise ; j'en ai d'autres ; ce sont pour moi des auxiliaires précieux ; ils sont les amis de l'autre, la mauvaise. Il y en a deux qui habitent presque toujours mon corsage.

Je compris alors quel était ce sifflement qui m'avait intrigué à diverses reprises et était demeuré pour moi inexplicable. Elle me montra plusieurs de ces pensionnaires ; qui n'étaient guère plus froids qu'elle ; je les vis s'entourer autour de ses bras, joyaux vivants mêlant aux bracelets d'or le miroitement de leurs écailles, les reflets bleus, rouges et verts de leurs souples torsades. J'obtins même d'elle une photographie où elle était parfaitement ressemblante, semblant fixer, dans une attitude énigmatique, montrant bien en face son beau front lourd de pensées, tandis qu'un de ses reptiles favoris, s'élevant du coussin sur lequel reposaient ses coudes nus, s'enroulait autour de son poignet. (Page 217.)

Je n'avais jamais cessé de m'intéresser à cette vengeance personnelle que depuis des années la comtesse Fœdia poursuivait avec une si énergique résolution ; je fus témoin de son accomplissement. Tout ce que je puis dire ici, c'est que ce fut quelque chose de puissamment tragique ; son ennemi eut une fin atroce et disparut victime d'un de ces drames obscurs et ignorés comme il s'en passe souvent au sein des familles ; c'était Fœdia qui, de son laboratoire hermétique, entourée de ses serpents, avait conduit tous les fils de cette ténébreuse machination *.

* Dans un grand ouvrage, consacré à la mystérieuse comtesse,

En causant avec ma belle amie, j'appris des détails passionnants sur quelques grands événements
contemporains auxquels elle avait été mêlée. De
toutes ces confidences, celle qui m'intéressa le plus
était relative à la tragédie de Belgrade en juin 1903,
et cela vient sans doute de ce que j'ai joué dans ce
drame byzantin un rôle occulte sur lequel j'aurai
peut-être à m'expliquer un jour ou l'autre. Une
lettre de Draga Maschin, qu'elle me fit lire, montrait que la malheureuse reine avait su à l'avance le
sort qui l'attendait.

La comtesse avait connu Draga à Biarritz et celle-
ci, qui possédait déjà l'ambition de ceindre son front
d'une couronne royale, lui avait demandé de lui
prêter son concours pour la réalisation de ses projets Fœdia, savante dans les choses de la divina-
tion comme dans tout le reste, étudia tous les in-
dices qui concernaient l'avenir de l'orgueilleuse
Draga.

— Il est inutile que je vous aide, lui déclara-t-
elle, car vous marchez à votre destinée, qui sera
brillante, mais tragique.

— Serai-je reine ? questionna avidement Draga,
insoucieuse de toute autre considération.

— Vous le serez !

— Alors qu'importe le reste ?

— Je n'ai ni à vous seconder dans vos projets ni
à écarter de vous le péril ; ce serait inutile ; vous
êtes assez forte pour réussir seule et la fatalité
suprême serait plus puissante que vous et moi.

— Qu'importe, répéta la future reine de Serbie,
puisque je suis certaine de régner !

— Vous n'éviterez pas votre destinée ; vous êtes

on trouvera le récit détaillé du drame terrible auquel il est fait
allusion ici.   *(Note de l'Editeur.)*

marquée pour elle, et trop de choses déjà la rendent inéluctable.

Tout s'est borné à cette prédiction, et bien qu'il y ait loin de cette intervention au rôle complexe que j'ai été amené à jouer, je l'ai retenue mot pour mot. Elle me servira peut-être quand je voudrai éclairer d'un jour historique certain mystère, connu de moi seul, qui a enveloppé la nuit sanglante et qui dure encore...

Nous fûmes également amenés à parler de la mort subite du chef d'un grand État européen, et elle me révéla des dessous que j'ignorais. Elle le connaissait quelque peu, ils avaient un médecin commun chez qui ils s'étaient rencontrés et avaient échangé quelques mots.

A cette époque Fœdia était assez liée avec une actrice connue, Mlle Méran, qui était la maîtresse de ce personnage que je désignerai simplement par un petit nom : Victor. Le chef d'état fréquentait chez la comédienne et la comtesse l'y avait vu plusieurs fois. Un jour il voulut absolument qu'elle lui lut dans la main. Elle y consentit, examina les lignes et, comme elle le savait peu impressionnable, robuste au moral comme au physique, elle lui déclara sans détours qu'il était destiné à mourir d'une mort violente, affreuse.

Victor fit un peu la grimace :

— Mourir, ça me serait égal, mais j'avoue que je ne voudrais pas souffrir.

— Ce que vous demandez-là n'est pas impossible.

— Vraiment ?

— Je vous le certifie.

— Vous pourriez m'accorder une commutation de peine ?

— Certes, à condition que vous y consentiez.

Il la regarda sérieusement.

— Sapristi, comtesse ! vous avez une façon de dire les choses qui est impressionnante ! vous persuadez.

— Par la seule force de la vérité. C'est une fin atroce qui vous attend, si rien ne survient.

— Ecoutez ; je me résigne à mourir à l'heure marquée...

— Contre cela, ni vous, ni moi ne pouvons rien.

— Mais je tiens essentiellement à ne pas souffrir, à m'en aller sans m'en apercevoir. Vous maintenez ce que vous m'avez affirmé ?

— En tous points. Vous êtes certain de mourir comme je vous le dis, sous peu, avant d'avoir quitté le pouvoir ; par conséquent en devançant de quelques instants le moment fatal je ne vous tuerai pas, je ne chargerai pas ma conscience d'un crime ; au contraire, je vous donnerai le moyen d'avoir la mort la plus agréable qu'on puisse rêver.

Victor accepta, et, s'abandonnant passivement à la magicienne, il la laissa prendre sur lui-même une influence nécessaire ; elle établit entre eux une communication fluidique intime et promit de veiller. Puis ils se séparèrent et ne se revirent plus

Victor ne changea rien à son existence ; d'abord il pensa beaucoup à la prédiction qui lui avait été faite, à la menace qui était suspendue sur sa tête, puis il y pensa moins ; enfin, voyant qu'il ne se produisait rien d'anormal, il n'y songea plus du tout.

Un soir il mourut subitement chez Mlle Méran, dans son lit, dans ses bras, pourrait-on dire, en plein bonheur, et peut-être a-t-il été tout droit au paradis puisqu'elle le lui avait ouvert.

L'actrice, affolée, envoya prévenir Fœdia, qui répondit simplement :

— C'était prévu, tout s'arrangera, cela vaut mieux ainsi.

En effet, la mort fut tenue secrète, le corps du chef d'Etat mis en une automobile et ramené sans scandale au palais qui était sa résidence. On le coucha et alors seulement on appela les médecins qui ne purent que constater le décès. La famille ne dit rien ; et le lendemain, dans la capitale atterrée, dans tout le pays stupéfait, se répandit la nouvelle de la mort foudroyante de Victor. Si bien gardé que fut le secret, il n'en transpira pas moins quelques bribes qui satisfirent la curiosité populaire. Les gens bien informés croyaient tout savoir, mais la vérité exacte et complète personne ne la connut jamais, puisqu'il aurait fallu soupçonner ce que pouvait tenter la comtesse Fœdia et ce qu'elle avait en effet accompli. Mais ce qu'on ne sut jamais, en dehors de deux ou trois personnes au nombre desquelles elle se trouva, c'est que cette nuit-là un anarchiste militant jeta à l'eau, à quelques hectomètres du palais, une bombe qui était devenue inutile, puisque la sinistre besogne qu'il méditait venait de s'accomplir sans lui.

Tous ces faits, si proches de nous, prenaient dans la bouche de Fœdia un attrait captivant.

Un jour la comtesse me demanda sans préambule si je voulais assister à un office démoniaque.

— Vous voulez me faire voir une messe noire ?

— Je ne vous dérangerais pas pour si peu, mon cher ami ; ces cérémonies bizarres n'ont plus l'allure qu'elles avaient au moyen-âge.

— C'est l'assistance alors que vous voulez me montrer ?

— Oui et non. Le milieu dans lequel je vais vous introduire est une secte satanique qui célèbre dans le plus grand mystère son culte infâme ; les adeptes de ce groupe n'ont pas cette haine farouche contre la divinité qui animait jadis les sorciers ; ils n'en possèdent pas non plus les indéniables facultés ; les plus lettrés d'entre eux sont versés, non pas dans l'occultisme, mais dans une partie des sujets qui touchent à l'occultisme, de ceux qu'on appelait autrefois les sciences maudites. Ils assouvissent dans de basses orgies des passions bizarres, malpropres et sans grandeur ; ces gens-là ne sont pas intéressants pour nous. Mais dans l'antre où ils tiennent leurs sabbats, des êtres sans foi ni scrupule, des bandits en habit noir se réunissent, d'effroyables et ténébreuses machinations se préparent. C'est là que se conçoivent ces gigantesques drames, toujours plus ou moins mystérieux, qui servent de gros intérêts politiques ou financiers ; et c'est là aussi que les cerveaux qui les rêvent viennent chercher les instruments qui les réaliseront.

— Comment ? c'est dans un tel repaire que ces criminels de grande envergure vont recruter leurs complices. L'armée de la haute pègre ne constitue donc pas une pépinière assez riche ?

— Elle ne leur fournirait que des auxiliaires insuffisants, tout au plus de ces assassins de bonne compagnie, qui font partie du Tout-Paris pendant des années, parfois toujours, déclassés qui dissimulent leur oisiveté et l'origine de leurs ressources sous de vagues apparences d'hommes de lettres ou de coulissiers, et qui ne se font pas pincer tant qu'ils opèrent seuls. Il ne faut leur demander que d'assassiner une vieille femme riche ou une demi-mondaine cotée ; pour les intrigues qui s'agitent là, ils ne seraient pas de taille.

— En vérité, vous me donnez envie de voir ça.

— Je n'y vais pas pour voir, mais plus exactement pour entendre. Souvent j'y ai surpris des machinations en germe et que j'ai fait échouer, sauf peut-être une fois ou deux où j'ai jugé que je devais prêter mon concours. J'ai idée que ce soir je n'y perdrai pas mon temps.

Nous y fûmes. Je ne décrirai pas la cérémonie blasphématoire à laquelle nous assistâmes et qui était le prélude d'une débauche ordurière ; ce n'est point ici la place et je n'y apportai d'ailleurs aucune attention.

En revanche, dissimulé dans un recoin obscur, à côté de Fœdia, je prêtai une oreille attentive à des propos mystérieux qu'échangeaient les voix de deux hommes, invisibles dans l'ombre d'un pilier de ce temple palladique où un éclairage sommaire favorisait des scènes indescriptibles.

— Alors, vous avez trouvé la femme qu'il nous faut ?

— Faute de mieux, on s'en contentera.

— Si vous n'en êtes pas plus sûr que cela, il n'y a rien de fait ; pas de bêtises, je vous prie ; il ne faut pas qu'elle nous craque dans la main.

— Le choix est restreint, car la chose ne peut être confiée qu'à une personne de son entourage.

— J'ai besoin de la voir, de la juger,

— Elle est ici.

— Une Satanique, alors ?

— Au petit pied.

— Montrez-la moi.

— Tenez... là-bas... cette nuque blonde... La voilà justement qui tourne la tête.

— Jolie femme... bizarre aussi, quelque chose d'inquiétant... une femme faite... dont le physique à première vue me semble une garantie... Mais attendez donc... Où ai-je vu ce regard ?.. Est-ce que ce ne serait pas précisément *sa* femme ?

— Vous la connaissez ?

— Elle non, mais la fille de celle-ci, et une certaine ressemblance m'a mis sur la voie. C'est curieux j'ai un instant pensé à confier ce rôle à la fille.

— Il eut été écrasant pour ses épaules frêles.

— Nous serions arrivés sûrement en forçant la dose de cantharide.

— Sûrement mais lentement et peut-être trop tard.

— Le danger était qu'un jour ou l'autre elle aurait parlé ; ça ne sait pas se taire.

— Tandis que la mère sera discrète.

— Un grand point, cela ! Car il faut tout prévoir : des suites judiciaires... un magistrat qu'on n'ait pas dans la main. Une bavarde ce serait terrible, mais une maladroite pourrait tout gâter. En deux mots, votre opinion sur celle-ci ?

— Pour l'exécution, c'est ce qu'il nous faut ; je réponds d'elle ; mais après ?... Oh ! s'il n'y a rien, elle sera parfaitement à hauteur : un toupet diabolique, pas de sens moral et suffisamment comédienne ; elle trouvera des accents poignants, des pleurs, des attitudes, elle paiera de sa personne. Il n'y a pas à craindre qu'elle ait une défaillance, un remords, qu'elle donne l'éveil. Mais la chose peut transpirer, et alors à l'instruction, au milieu des traquenards, des embûches, que donnera-t-elle ? J'ai peur.

— Il faudrait la suivre de près, la conseiller.

— Évidemment. Bref : pour l'acte et, ensuite, vis-à-vis du monde, elle est bonne ; mais s'il faut faire face à d'autres difficultés, douteuse.

Ils avaient légèrement changé de place, je ne les entendais plus ; les deux inconnus causaient encore ; un peu plus tard, ils se rapprochèrent et je surpris au vol ce bout de dialogue.

— Dites-moi, qui donc l'a amenée ici ce soir ?

— Son gendre.

— Quelle famille ! hein ?

— Heureusement ! ça nous servira.

234

Puis, je ne saisis plus que des bribes, des mots isolés, qui ne revêtaient sur le moment nulle signification précise, mais qui plus tard, me prouvèrent qu'il y avait une relation étroite entre ce colloque et certain drame qui fit couler beaucoup d'encre.

Le mystère qui a plané sur cette affaire n'est point encore dissipé, toutes les hypothèses ont été mises en avant, crime, suicide, accident, toutes sauf **la** véritable. On ne se trompait pas en parlant d'une intervention mystérieuse, mais on faisait fausse route en attribuant celle-ci à telle personnalité, à tel parti politique ou à telle secte secrète. Je le sais bien, moi qui, la veille du tragique évènement, ai vu sortir de chez la comtesse Fœdia deux personnes mêlées au drame, celles-là même que nous avions rencontrées chez Satan.

L'intervention de Fœdia est pour moi démontrée ; mais comment s'est-elle exercée ? et surtout pourquoi s'est-elle produite ? Je n'en sais rien encore. Avec les armes invisibles dont dispose cette femme et qu'elle manie si bien, tout est possible. Tout ce qui a pu se passer peut être attribué à une influence de forces occultes ; il n'est pas jusqu'au suicide par persuasion qui ne s'explique par l'envoûtement.

Quoi qu'ait accompli mon amie, je suis sûr qu'elle a eu pour le faire de puissantes raisons, et qui ne sont pas celles qui d'ordinaire conduisent les hommes. J'espère bien qu'un jour je pénétrerai ce qui m'échappe encore (*).

(*) Je publierai, quelque jour, d'après les révélations du professeur Mektoub, une version authentique et insoupçonnée des événements passionnants qui sont effleurés dans ce chapitre ; j'attends, pour ce faire, d'avoir réuni une documentation complète et minutieuse, ce qui, on le comprendra, est très délicat et très malaisé, étant donné le caractère soit intime soit public de tous ces faits qui ont eu un grand retentissement.

R. B.

J'ai souvent pensé à cette dualité si singulière qui la caractérise ; j'en ai eu à chaque instant des preuves extérieures, visibles à tous les yeux. Cette femme là a une infinité d'aspects, qui varient avec une coiffure, un détail de costume, avec moins encore, mais qui se ramènent à deux types parfaitement déterminés et bien distincts ; c'est très apparent aussi sur toutes les photographies que j'ai vues d'elle. Il arrive souvent que des yeux qui la connaissent s'y trompent et ne la reconnaissent pas si elle n'est point sous l'aspect dont ils ont l'habitude. J'ai fait notamment cette remarque sur une photographie intéressante où l'on voit un de ses bracelets animés quitter son bras pour atteindre une fleur dans ses cheveux. (C'est la photographie page 229, découpée dans une épreuve déchirée dont j'ai ramassé des morceaux).

A l'heure actuelle, je ne sais ou ne puis rien dire de plus concernant la curieuse et attachante personalité de l'énigmatique comtesse Fœdia. Il devait être donné à notre époque, toute d'anomalies et de contrastes, de produire une Satanique faisant le bien, sans mobile intéressé, tendant instinctivement vers l'idéal d'une morale supérieure.

CHAPITRE XIV

—

Les Sataniques de demain

—

*La recherche du péché nouveau. — L'échange des sexes.
— Les Sataniques artificielles. — Le viol inévitable. — L'infernale névrose.*

—

Les Sataniques d'aujourd'hui ne sont plus celles
d'autrefois, mais le culte du démon est toujours vi-
vace ; il aura les femmes pour adeptes tant que sur
les marches de son temple impur se tiendront des
prêtresses sachant lire l'avenir dans les combinai-
sons des cartes ou dans les lignes de la main, capables de composer les philtres qui permettent de
retenir un inconstant ou de se venger d'une rivale.

Toutes les formes que prend le Satanisme chez les
femmes sont éternelles : luxure, gourmandise, orgueil, vampirisme, saphisme... Toutes celles qui
obéissent à leurs passions quoi qu'elles leur com-
mandent, sont ses fidèles ; les passions sont immor-
telles et les bas instincts sont jetés en germe dans
leur nature pêle-mêle avec les aspirations supérieu-
res ; elles sont un peu de boue animée par une étin-
celle divine.

Si jamais elles se lassaient de ces vices, vieux
comme le monde et que leur perversité sait rajeunir, elles en trouveraient d'autres. Une Satanique
doit avoir assez d'imagination pour inventer un péché nouveau, assez de dépravation pour le commettre.

Le péché nouveau, le péché complet, c'est celui

que Huysmans, par une heureuse image appellé le « Pygmalionisme » : c'est celui de l'artiste qui est, au sens absolu, total du mot, amoureux de l'œuvre qu'il a créée. Il y trouve d'abord de l'inceste et du meilleur, car dans l'inceste il n'y a que demi-attentat, puisqu'on n'est jamais que pour moitié dans une génération et qu'une partie de l'enfant provient d'éléments étrangers ; le crime est donc complet à ce point de vue. Ensuite il constitue un crime contre nature, puisque l'être qui fait l'objet du culte passionné est irréel ; enfin le crime atteindrait les dernières limites s'il s'agissait d'un artiste épris d'un saint qu'il aurait peint : sans compter la sodomie de ces rapports il y aurait sacrilège à cause du caractère même de l'objet de la passion.

Nul doute que ce raffinement inquiétant ne se rencontre dans la vie ; il peut même occasionner la volupté physique ; il devient alors un succubat cérébral, un démon prenant la forme de l'œuvre aimée.

« Comme c'est bizarre ! Et comme cela doit être bon ! » ajouterait Mme de Chantelouve avec son sourire inquiétant.

Il est des femmes qui ont rêvé d'échanger leur sexe avec un homme, de façon à pouvoir éprouver toutes les sensations qui sont spécialement dévolues à l'autre moitié du genre humain ; elles se délectaient à l'idée de connaître les facultés du mâle, ce que fait ressentir leur activité, et surtout à la pensée d'expérimenter l'effet que peuvent produire sur un cerveau et un organisme masculins les coquetteries, les provocations, l'attouchement, l'abandon de la femme, c'est-à-dire de l'être qu'elles étaient et qu'elles seraient appelées à redevenir.

Un tel caprice est éminemment satanique ; il n'est d'ailleurs pas resté uniquement dans le domaine de

238

la fantaisie ; au XVIe siècle, l'abbé Beccarelli essaya
de le réaliser ; il voyageait suivi de douze apôtres
et de douze apostollines, distribuant des pastilles
aphrodisiaques, grâce auxquelles chaque homme et
chaque femme se croyait doué du sexe opposé et
en éprouvait tous les désirs et toutes les sensations.

Aujourd'hui ce prodige pourrait être obtenu plus
sûrement, et plus complètement aussi, par l'hypnotisme ; il serait un jeu pour la comtesse Fœdia.

Nous avons déjà eu l'occasion de noter que l'hypnotisme explique tous les phénomènes de magie et de
sorcellerie et permet de les reproduire (ceux de la
magie, tout au moins, car la sorcellerie n'est que la
déformation de la première par l'erreur, la superstition et les passions) ; Charcot, lorsqu'il retrouva
dans la grande hystérie toutes les convulsions de la
possession démoniaque, ne fit en somme que créer
des sataniques artificielles. La science occulte n'est
pas autre chose que la magie rationnelle ; elle peut
fournir aux femmes toutes ces armes mystérieuses
que les Grandes Sataniques demandaient à l'Enfer,
le moyen d'envoûter, de posséder et de tuer à distance, de connaître la pensée du prochain, d'éveil-
ler ou d'endormir ses désirs, de subjuguer sa volonté, de conduire ses passions, et par là même
d'assurer sur autrui une domination plus complète
encore que celle qu'elles tiennent de leur ruse et de
leur séduction.

Se débarrasser d'un ennemi de loin, sans risques
possibles, c'est une chose qui est encore une exception, mais qui se fait aujourd'hui ; posséder malgré
soi un être qui se refuse, c'est une chose qui se fera
demain. Et je ne parle pas seulement d'une contrainte charnelle exercée grâce à une suggestion, j'ai
en vue un viol fluidique raffiné, action d'un corps
astral sur un autre corps astral, action si parfaite

que ses réflexes musculaires et nerveux sont exactement les mêmes que ceux de la possession réelle ; il s'agit là d'un succubat scientifique et perfectionné qui, un jour ou l'autre, sera accessible aux femmes qui sauront et voudront.

On verra alors de ces Sataniques inquiétantes et perverses, qui provóqueront les hommes et ne leur cèderont jamais. Quand un amoureux, découragé par une cour inutile, énervé par les abandons trompeurs et les promesses vaines d'une telle créature, brûlera ses vaisseaux et lui demandera si elle n'est pas simplement une égoïste de la pire espèce, une frôleuse, elle lui répondra avec ce sourire de sphynge qu'avaient les démones :

— Pourquoi ? puisque je vous possède quand je veux et comme je veux. Ces privautés que je vous permets, ces attouchements que j'ose, tout ce que vous appelez mes coquetteries, ce n'est que le moyen de resserrer plus étroitement la sympathie de mon corps astral et du vôtre. Ainsi je peux, chaque fois qu'il me plaît, me transporter dans votre lit et vous violer. Faites en autant ; apprenez le secret de vous unir à un succube qui me ressemble.

Quand même on ne prononcerait plus le nom de Satan, il y aurait toujours des Sataniques.

Le Satanisme flatte nos instincts les plus violents, nos passions les plus irrésistibles, l'amour, la haine, le meurtre, la vengeance. On lui demandera toujours le secret de ces charmes qui agissent sur le sens génésique ; car on voudra toujours l'exalter chez soi-même ou chez l'être qu'on aime, le détruire chez le rival qu'on jalouse et qu'on hait.

Les aberrations sexuelles qui ont perdu tant de sorciers antiques ou modernes attireront toujours certaines natures ; elles ont en elles une force ré-

240

volutionnaire de destruction qui crée des courants puissants.

Le culte de Satan, sous une forme ou sous une autre, ne disparaîtra jamais du cœur de la femme ; car il se plie avec une inlassable souplesse à l'évolution de l'âme féminine et aux changements des mœurs et des civilisations. La voix de Satan parle à chacune suivant ses faiblesses, vices ou orgueil ; mais avant tout elle prêche toutes les négations, en commençant par le néant de la parole humaine. Elle séduit l'être parce qu'elle lui conseille de rendre à l'instinct tout le terrain que lui ont fait perdre les contraintes religieuses ou sociales ; elle s'appuie sur la science parce qu'elle glorifie l'inconscient, et prétend dévoiler le mystère si attirant de l'occulte, les secrets de l'astral, les problèmes de la vie et de la mort.

A mesure que la décadence des temps s'accentuera, la névrose grandissante tournera de plus en plus les imaginations féminines vers les traditions malsaines du satanisme, les voluptés sans nom des rapports incubiques, leurs déprimantes et terribles extases. Le danger est grand parce que, de l'aveu même d'une Satanique, à goûter au mal, on conserve dans la bouche le goût du ciel.

Oui, le culte de Satan sera éternel parce que le mal possède une attirante poésie ; même des plus abjectes abominations il se dégage quelque chose de pur et d'élevé, une fleur qui croît sur le fumier.

Et la femme s'y laisse prendre ; pour atteindre la fleur, elle s'enlize dans le fumier. Celui-ci s'entr'ouvre sous ses pas, démasquant un abîme sans fond ; elle s'y penche parce qu'elle aperçoit sur les bords escarpés d'autres fleurs terribles, belles de la sombre beauté des choses funestes ; leurs parfums vénéneux lui montent à la tête avec les émanations malsaines du gouffre ; elle est prise de vertige et tombe dans l'abîme où poussent les fleurs du mal qu'y a semées Satan.

Mais dans sa chute, elle n'oublie pas, aussi coquette, qu'elle fut toujours curieuse, de cueillir une de ces fleurs afin de rehausser sa beauté, cette beauté inquiétante et fatale, immortel apanage qui nous fait, malgré tout, aimer les Grandes Sataniques.

Roland BRÉVANNES.

TABLE DES MATIÈRES

—

CATALOGUE

DES

Ouvrages Spéciaux

ÉDITÉS PAR

SELECT BIBLIOTHÈQUE

ADRESSER LES COMMANDES A

Select Bibliothèque

MASSY (Seine-et-Oise)

En joignant le montant en mandat ou bon de poste

SELECT BIBLIOTHÈQUE

MASSY (Seine-et-Oise)

ROLAND BRÉVANNES.	*Les Grandes Sataniques de l'Histoire et de la Légende.* Illustrations très curieuses, documents anciens, photographies contemporaines.
—	*Prêtresses de Venus.*
DON BRENNUS ALÉRA.	*Le Tour du Monde d'un Flagellant*
—	*Le Repaire Souterrain.*
—	*Cinquante ans de Flagellation.*

Suite du journal intime du baron de M...

—	*Les Mille et une Nuits d'un Flagellant de marque.*	
—	*Le Journal d'une Flagellée,* souvenirs cuisants.	sous presse
BERNARD VALONNES . .	*Le Bréviaire des Courtisanes.*	
JEAN D'AGÉRUR	*Maisons Closes.*	

ROLAND BRÉVANNES .	*Fleur Véneneuse.*
—	*Treize Contes Merveilleux,* histoires vraies.

OUVRAGES SPÉCIAUX ILLUSTRÉS

sous couvertures en couleurs très artistiques

1 fort volume illustré

sous une magnifique couverture en couleurs

d'EDOUARD BERNARD

Documents authentiques très curieux

d'après des notes originales, secrètes, absolument inédites

DON BRENNUS ALÉRA

Le Tour du Monde d'un Flagellant

d'après le journal intime du baron de M***,
flagellant de marque.

Don Brennus Aléra a la bonne fortune d'avoir entre les mains des notes manuscrites d'une inestimable valeur ; le baron de Mazerolles, le héros qu'il met en scène, l'auteur de l'étonnant journal d'où est extraite cette suite de mémoires, n'est pas un personnage fictif : il a réellement existé et est mort depuis trop peu de temps pour que les Parisiens l'aient oublié. Riche, élégant, distingué, fort répandu, le baron de M*** était une personnalité des plus en vue, mais seuls ses intimes savaient ou soupçonnaient le culte pervers auquel il sacrifiait. Le baron de M*** a été toute sa vie un flagellant militant, d'une exceptionnelle conviction et d'une remarquable allure. Il a consacré sa fortune et la totalité d'une existence qui fut longue, à la recherche d'une sensation divine dans cette infernale perversion des voluptés douloureuses ; avec cet impérieux et absorbant désir il a exploré toutes les classes de la société parisienne, disséqué l'âme de plusieurs générations et parcouru toute la terre, jetant sur le papier, au jour le jour, ses rêveries et ses imaginations, d'extravagantes fantaisies et de folles aventures.

On conçoit quel trésor un auteur averti a pu extraire de cette mine précieuse. Avec la quintessence de ces mémoires hâtifs, mais originaux, verveux, passionnés, Don Brennus Aléra a écrit ce *Tour du Monde d'un Flagellant* (et d'autres volumes qui suivront de près celui-ci) ; il a peint, d'une touche magistrale, le panorama vivant de cette existence vouée à une idée fixe, de cette marche voluptueuse, guidée par l'étoile lubrique qui luit au firmament des nuits démoniaques, au ciel des perversions passionnelles. Grâce à lui nous suivons son singulier et intéressant héros au milieu des péripéties les plus diverses, des aventures les plus imprévues, parmi les décors pittoresques d'un cadre sans cesse renouvelé ; nous sommes spectateurs des scènes les plus curieuses et les plus troublantes et nous demeurons confondus qu'un être ait pu imaginer et réaliser de telles choses.

Le Tour du Monde d'un Flagellant est — en même temps qu'un ouvrage merveilleusement documenté sur l'aberration passionnelle la plus déconcertante qui soit, sur l'envers de l'âme humaine (et aussi du corps féminin) — un roman merveilleusement écrit, d'un attrait captivant et d'un incontestable intérêt.

Table des Matières

Chapitre 1er. — *Bataille de Dames.*

Une rencontre. — Brune contre blonde. — Les péripéties d'une lutte à main plate. — Flagellation improvisée

Chapitre II. — *Un grand prêtre du fouet.*

A maniaque maniaque et demi. — Pari d'amateurs et voyage de découvertes.

Chapitre III. — *Dame d'honneur et négresse.*

Un trio de belles amies. — Jalousie noire et correction en règle. — Une grande dame qui a la main leste. — Pour une croupe!.. — Entre la blanche et la noire.

Chapitre IV. — *Un harem de momies.*

L'amant des momies. — Le temple de la mort et de la volupté. — Une flagellante de quatre mille ans.

Chapitre V. — *Pour s'amuser en ménage.*

Le menu révélateur. — Ce que l'on voit par le trou d'une serrure. — La correction de l'indiscret.

Chapitre VI. — *Chez les bayadères.*

La violation de la pagode. — Une flagellation sacrée. — Sous les plumes de paon. — La vengeance des Brahmes.

Chapitre VII. — *Le Théâtre de la Douleur.*

Le Barnum des détresses humaines. — Des larmes et du sang. — Une flagellation en scène.

Chapitre VIII. — *Le repaire souterrain.*

Les passions et les vices librement déchaînés. — Les orgies sanglantes.

Un fort volume illustré

SELECT BIBLIOTHÈQUE, Massy (Seine-et-Oise),

Envoie *franco Le Tour du Monde d'un Flagellant* contre un mandat ou bon-poste de **Cinq francs**

ROLAND BRÉVANNES
FLEUR
VÉNÉNEUSE

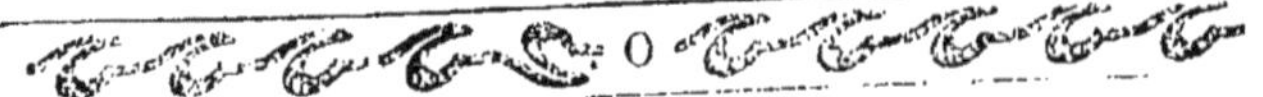

ROLAND BRÉVANNES

—

Fleur Vénéneuse

—

COUVERTURE EN COULEURS ET ILLUSTRATIONS de MAS

TABLE DES CHAPITRES :

A la faveur d'une intrigue mouvementée et poignante, qui fait de *Fleur Vénéneuse* un roman vécu d'une émotion intense, où se heurtent des amours violentes et des perver-sions effrénées, cet ouvrage trace la peinture d'une société qui s'en va, d'un monde qui disparaît. La Russie décrite dans ces pages existait il y a dix ans, (c'est-à-dire à la date exacte de cette aventure vraie), existe encore aujourd'hui et demain peut-être aura disparu dans la tourmente révolutionnaire.

« Fleur Vénéneuse » est une créature à la beauté fatale, qui ne pouvait s'épanouir qu'en Russie ; le drame voluptueux et pathétique dont elle est l'héroïne apporte les révélations les plus passionnantes sur les replis de l'âme slave sur les mœurs de la haute société russe.

L'ouvrage a le charme inimitable des choses vues, des pays traversés, des scènes vécues ; les personnages principaux ont existé et se meuvent ici avec tous leurs instincts déchaînés, toutes leurs passions violentes, tous leurs vices raffinés ; la comtesse Doubaroff, cette fleur au charme funeste, y étale ses amours lesbiennes avec un orgueil de grande dame et une fougue que l'homme ne saurait apporter dans la satisfaction de la passion la plus impérieuse.

De nombreuses illustrations, artistiques et pittoresques, augmentent l'intérêt de ce roman dans lequel il y a de l'amour, des vices, des larmes, du sang, et sur lequel flotte, comme un nuage menaçant, l'inquiétant mystère des influences occultes et des forces inconnues.

SELECT BIBLIOTHÈQUE, Massy (Seine-et-Oise),

Envoi *franco Fleur Vénéneuse* contre un mandat ou bon-poste de **Cinq francs.**

ROLAND BRÉVANNES

—

Prêtresses
de Vénus

TABLE DES MATIÈRES

IMPRIMERIE DE SELECT BIBLIOTHÈQUE, MASSY (S.-O.)